你的工资从哪里来

（修订版）

吕国荣　邹华英◎著

国家一级出版社　　中国纺织出版社　　全国百佳图书出版单位

内 容 提 要

上班拿工资，这好像是天经地义的事情，但是对于"工资从哪里来"的问题，许多人却未必理解得那么深刻。本书从六个方面深入剖析了决定工资的基本要素，即：工资与公司利润的关系、工资与工作绩效的关系、工资与职业精神的关系、工资与工作方法的关系、工资与品德的关系、工资与服务的关系，为我们找到了工资的真正来源，也指出了提高工资的途径，从而使我们可以高效地工作，与企业实现共赢。

图书在版编目（CIP）数据

你的工资从哪里来 / 吕国荣，邹华英著. --修订本.-- 北京：中国纺织出版社，2019.9（2022.7重印）

ISBN 978 - 7 - 5180 - 5347 - 6

Ⅰ. ①你… Ⅱ. ①吕… ②邹… Ⅲ. ①企业管理—工资管理—通俗读物 Ⅳ. ①F272.923-49

中国版本图书馆CIP数据核字（2018）第193994号

策划编辑：于磊岚　　特约编辑：李　勤　　责任印制：储志伟

中国纺织出版社出版发行

地址：北京市朝阳区百子湾东里 A407 号楼　邮政编码：100124

销售电话：010—87155894　传真：010—87155801

http://www.c-textilep.com

E-mail：faxing@c-textilep.com

中国纺织出版社天猫旗舰店

官方微博 http://weibo.com/2119887771

三河市宏盛印务有限公司印刷　各地新华书店经销

2019 年 9 月第 1 版　　2022年7月第4次印刷

开本：710×1000　1/16　印张：13.5

字数：145 千字　定价：48.00 元

当前，许多企业正在进行一场"你的工资从哪里来"的大讨论，这是一次原始的拷问。

"你的工资从哪里来？"这个看似简单的提问，并不是每个人都能够真正领会其内涵的。这个简单的问题，你如果经过大脑细胞的过滤、细细品味，就能够悟出许多深层次的道理，折射出多角度的问题来。

的确，作为工薪阶层的员工，在多年的职业生涯里，月月等待着、期盼着单位发工资，领导发奖金，似乎只要我在企业里工作，按时上下班、出满勤、干满点就一定能够领到工资。单位发工资也成为理所应当、天经地义的事情，什么"个人业绩、公司利润"都与我相距甚远。其实这种观念的产生和意识的形成，是与长期所受的计划经济环境的影响息息相关、密不可分的。从这种可怕、害人的理念与意识中，可以阐释为什么有的企业亏损甚至倒闭这样的大问题。

市场经济的到来，给我们以警醒，让我们去清醒地认识和理性地思考……

现在，外部环境变了，公司的情况也变了，残酷的竞争，繁重的工作，公司经营状况的艰难，工资的发放竟成为大家关心的主要事情了。作为一个打工仔，突然间思考起一个问题："我的工资从哪里来？"

在市场经济环境下，我们每一个人的工资都不是公司"发"的，也不是领导恩赐的，而是通过辛勤地付出、努力地工作所应该获得的对等的回报，是我们自己"挣"出来的！

试想，如果我们每一个人在工作上不努力，"当一天和尚撞一天钟"，每日浑浑噩噩，不求上进，工作低标准、低效率，甘于平庸，我们的企业就没有活力，在残酷的市场竞争环境下，也不会长期生存，更不会取得持续发展和长足进步。企业没有业绩，我们的薪酬没有支付的渠道和来源，待到企业倒闭破产之时，"皮之不存，毛将焉附？"我们更是会丧失了生存和立足的根基，更不要说工资和奖金了。

我们的工资从哪里来？面对这一课题的不仅是公司的普通员工，而且是公司的所有成员——上至总经理，下到临时工。公司每位成员的贡献都是公司利润的源泉，涓涓细流，汇流成河。这是利润获取的渠道。只有公司正常经营，不断提高销售收入，不断提高盈利能力和利润额，不断增强抗风险的能力，赢得越来越多的客户，才能回报员工，支付给员工应得的薪酬。

今天，当一场有关"你的工资从哪里来"的讨论摆在我们面前时，每个人都应好好审视一下我们自身，以及我们所从事的那份工作，真正认识到这是一个关系到公司和个人切身利益以及个人价值体现的大问题。

作为公司的一名员工，作为团队的一分子，我们和公司是紧密相连的。公司的利润是我们工资的唯一来源，只有公司获取到利润，我们的工资才有保障。围绕着这个中心，每个员工都必须做到尽职尽责地工作；搞好安全生产；为客户提供最满意的服务；节能降耗，降低生产经营成本；为公司的生存与发展献计献策；同心同德，团结合作；不断创新，对公司忠诚……这些都是公司能够获取利润、员工能够得到薪酬的前提条件。

细细想来，你的工资从哪里来？这一课题所包含的内容是多么丰富，需要我们扪心自问，需要我们思考，需要我们定位，需要我们用心去体会，需要我们扎实工作、踏实付出。

著者

2019 年 5 月

目 录

第六章　你的工资从优质服务中来

第一章
你的工资从公司的利润中来

*1.*为公司创造利润是你的使命

每个公司都有自己的企业目标，但描述这些目标的辞藻大多是华丽的、矫情的甚至是非常空洞的，实际上企业的目标只有一个——创造利润。

一个企业，生存的唯一理由就是创造利润，有利可图是一个企业运营的意义和目的。对于在企业工作的员工来说，劳动是谋生的手段，只有通过劳动，为企业创造价值，企业有赢利，员工才能获取报酬，才能有稳定的生活保障。

老板在成立一个公司的时候，是必须投入一定的资本的。资本的本性就是攫取利益，或者说是使公司利益最大化。所以，作为公司里的一名员工，就要为公司创造利润。如果一个人不能在自己的位置上为公司创造利润，那么他也就没有再在这个位置上待着的必要了，就会被替换掉。

无论竞争多么激烈，公司永远需要真正能为公司赢利的人。

千寻万觅，李莉好不容易被聘到一家销售厨房用具的公司，试用期一个月。试用期内没有底薪，工资按销售额的 20% 提成。

一套厨房用具的定价是 2800 元，这在收入较高的大都市并不是一个大数目，但因为市民对推销的反感及对推销员的不信任，连续一周奔波下来，李莉没有签到一份订单。与李莉同时进公司的 19 位同事中，有 2 位顶不住，主动辞职了。另外 2 位同事则搞起了降价销售。最低时，一套厨具只卖到 2300 元，卖出一套只能拿到 60 元提成。但价格毕竟是最具竞争优势的，更何况厨具质量确实不错，这 2 位同事的订单果然陆续而至。于是，其他同事争相效仿，一时间价格一片混乱。好几次李莉说服了客户，最终却因为价格原因而不能成交。

试用期满后，大家再一次聚在会议厅里，李莉是最心虚的一位，因为她只有 2 份订单，而其他同事，少则 10 份，多则 30 份。

总经理对他们说："经过公司研究，决定在你们当中录用一人，被录用者底薪 800 元，住房补贴 200 元，奖金按销售额的 20% 提成。"李莉十分沮丧，知道自己肯定没希望了。

可当总经理说出李莉的名字，宣布李莉被录用时，不仅同事，连李莉自己都深感意外。几位同事愤愤不平，总经理微笑着说："虽然她只有 2 份订单，但是，她的 2 份订单都是按公司定价签下的。公司早有规定，不得抬价、降价，我希望我的员工能忠诚于公司。还有，公司的定价已经全面考虑了员工和公司的利益，为了争取订单而不惜丧失自己该得的那部分利益，这也许并没有什么大错，但你们辛辛苦苦地工作为了什么？我希望我的员工认识到自己工作的价值，不仅有为公司赢利的观念，更要有为自己赢利的观念。"

任何一家公司都希望员工在为公司努力创造利润之时，也能够为自己创造利润。作为一名员工，要时时以公司经营绩效为己任，努力为公司创造利润，伴随公司的成长而成长。

美国惠普公司创始人比尔·休利特和戴夫·帕卡德强调：只有在员工为公司创造出丰厚利润的条件下，他们的奖金和工作才能得到保障。公司只有实现了赢利，才能把赢得的利益拿出来与员工分享。

把为公司创造财富当作神圣的天职

赢利——是任何一家在市场中求生存谋发展的公司的根本目的，创造最多的财富，是公司老板和所有员工最为一致的目标。作为员工，一定要为公司创造财富，而且要把为公司创造财富当作神圣的天职和光荣的使命。

尤其是那些业务部门的员工，要时刻算计着怎样抓住商机，怎样开拓市场，怎样扩大产品宣传；要时刻算计着自己的工作行为到底与公司赢利这个大目标有多少距离；还要算计着自己为公司创造财富的确切数值。将为公司获取财富作为自己的天职，以此为目的，全神贯注，全力以赴。请看这样一个故事：

主人是一位贵族，他要出门到远方去。临行前，他把3个仆人召集起来，按照各人的才干，给他们银子去创造财富。

不久，这位贵族回来了。他把仆人叫到身边，了解他们的经商情况。

第一个仆人说："主人，你交给我5000两银子，我已用它赚了5000两。"

主人听了很高兴，并且赞赏地说："善良的仆人，你既然在赚钱的事上对我很忠诚，又这样有才能，我要把许多事情派给你管理。"

第二个仆人接着说："主人，你交给我的2000两银子，我已用它赚了2000两。"

主人也很高兴，并且赞赏这个仆人说："我可以把一些事情交给你管理。"

第三个仆人来到主人面前，打开包得整整齐齐的手绢说："尊敬的主人，看哪，您的1000两银子还在这里。我把它埋在地里，听说您回来，我就把它掘出来了。"

主人的脸色沉了下来。"你这个又恶又懒的仆人，你浪费了我的银子！"

于是主人夺回给他的1000两银子，给了那个有10000两银子的仆人，并说："凡是多的还要多给他，叫他多多益善；没有多的，连他所有的也要夺过来。"

这个仆人认为自己会得到主人的赞赏，因为他没有丢失主人给他的1000两银子。在他看来，虽然没有使金钱增值，但也没有丢失，应该算完成主人交代的任务了。然而他的主人却并不这么认为。他不想让自己的仆人因循守旧，而是希望他们表现得更出色一些。他想让他们超越平庸，其中两个仆人做到了——他们把主人赋予自己的东西增值了，只有那个因循守旧的仆人得过且过。

这就是著名的"马太效应"，这个故事再一次明确不过地说明了：使财富增值是每个员工的天职。如果老板出于信任，拨一笔资金让你经营一个项目，你首先要做到的是不能使公司亏本，而且必须要让自己创造出高于启动资金几十倍的财富来，如此你才算尽到了自己的天职。相反，如果你没有使公司的投资增值，或者保持了原样，甚至是亏了本，就会像第二个仆人一样，是一个"又懒又恶"的、没有尽职的员工。

今天的商业社会还处于一个"利润至上"的阶段，每一个公司为了生存和发展也不得不秉承这一原则。在这样一个阶段里，千万不要以为只做一个"听话"的员工就够了，因为这仅仅是一个方面的要求。想方设法为公司创造财富才是最重要的。因为公司请你来就是希望你能够为公司创造价值，把创造利润作为最重要的目标。

公司利润的大小关系到个人收入的多少。幸福美满的家庭生活需要有经济支撑作保障。每个人、每个家庭的命运都与公司的命运紧密相连。我们拥有的一切美好生活都源于对公司的真诚付出。

你的工资从哪里来？

今天的商业社会还处于一个"利润至上"的阶段，每一个公司为了生存和发展也不得不秉承这一原则。在这样一个阶段里，千万不要以为只做一个"听话"的员工就够了，想方设法为公司创造财富才是最重要的。

*2.*为公司赚钱是你的第一要务

比尔·盖茨说："能为公司赚钱的人，才是公司最需要的人。"

在当今社会，很多公司或企业是老板个人出资办起来的。公司是老板的，他必须有效益才能把公司开下去。所以，过去那种在体制内唯命是从、毕恭毕敬，就能讨得领导欢心的时代已经过去了。那些能力平庸，没有业绩的员工再怎么曲意奉承也很难得到老板的赏识了。

这是为什么呢？因为在市场竞争越来越激烈的今天，老板考虑的是自己公司的生存和发展。你再乖乖听话，俯首听命，如果不能为老板赚钱，他照样炒你的鱿鱼。公司不是慈善机构，他不会允许那些不能为公司赚钱的人待在公司里。

现在，已经很难看到有迁就员工的老板。不能为老板赚钱，你在公司里就等同于没有价值的人。谁为公司赚得多，谁的工资就领得多。你为公司赚得少，对不起，裁员、减薪的时候到了。

全力以赴为公司赚钱

如何为公司赚钱呢？

道理很简单，就是兢兢业业、扎扎实实，果断、迅速、高效地完成自己的本职工作以及上级交办的各项工作。我们必须具备这样一个简单而重要的理念——全力以赴为公司赚钱。这是每个员工的职责和使命。只要我们有了这种使命感和责任感，并习惯基于这种理念行事，一定会成为公司最优秀的职员，必将有着广阔的发展空间。随之而来，就会得到相应的报酬。

杰克是一家纺织公司的销售代表，对自己的销售纪录引以为豪。曾有几次，他向他的老板解释说，自己是如何地卖力工作，劝说一位服装制造商向公司订货，可是，他的老板只是点点头，淡淡地表示赞同。

最后，杰克鼓起勇气，"我们的业务是销售纺织品，不是吗？"他问道，"难道你不喜欢我的客户？"

他的老板直视着他说："杰克，你把精力放在一个小小的制造商身上，为他耗费了我们太多的精力，请把注意力盯在一次可以订3000码货物的大客户身上！"

杰克明白了老板的意图，老板要的是为公司赚大钱，于是他把手中较小的客户交给一位经纪人代理，自己努力去寻找主要客户——能为公司带来巨大利润的客户。他做到了，为公司赚回了比原来多几十倍的利润。

要知道公司的首要目标是赚钱，无论你从事哪一行，你必须能够证明你是公司珍贵的资产，证明你可以帮助公司赚钱。要具备这样的意识：你在帮老板赚钱的同时也在帮自己赚钱。

为公司赚钱是一种义不容辞的责任

作为员工，需要明白的是，如果没有企业的快速发展和利润的稳步增长，我们也不可能获取丰厚的薪酬。只有公司赚了钱，我们才有可能得到更高的工资。

作为一个员工，为公司赚钱是一种义不容辞的责任。如果你想在竞争激烈的职场中有所发展，并拥有一份可观的薪酬，就必须牢记，为公司赚钱是你的第一要务。

真正的人才是自己想办法为企业创造财富的人。哪怕你是技术、能力最强的一个，但在一个公司里不表示你是最值钱的。只有那些有长远目标，有想法有创意的，能为公司赚到钱的人才是最棒的。

文婕在深圳一家大型电器厂做促销督导和市场调研员。这家公司主要生产电风扇、电暖器等季节性很强的家用小电器。

2006 年 8 月初，部门经理打电话通知正在云南出差的文婕，公司打算于 9 月中旬在昆明召开西南片区的冬季产品供销订货会，希望她搜集西南 5 省区几个省会城市近 10 年的冬季气象变化资料。

文婕从当地气象局那儿买来了气象变化曲线图，好奇地研究起来。她得出了这样一个结论：西南片区几个省会城市这一年的冬季是个冷冬，寒流会提前 10 天左右来到。于是，她连夜赶写了一份报告，建议公司加大电暖器的生产量，并比往年提早半个月投放市场。公司照她的建议做了，赚了近 100 万元。

有了这一次经验以后，文婕开始学习气象专业知识，依据气象部门的气象信息资料，又陆续为公司"量身订做"了几套生产方案，结果都因为抢得"天时"而大获成功。

可见，积极的行动和赚钱的责任感结合起来是多么重要。

只要有了为公司赚钱的责任感，你自然会付诸行动。水涨船高，公司赚钱了，你的薪酬也自然会得到提升。

你的工资从哪里来？

现在，已经很难看到有迁就员工的老板。不能为老板赚钱，你在公司里就等同于没有价值的人。谁为公司赚得多，谁的工资就领得多；你为公司赚得少，对不起，裁员、减薪的时候到了。为公司赚钱是每一个员工义不容辞的责任。

3.少花钱多办事，提高成本意识

千万不要认为一个公司只有生产人员和营销人员才能争取客户，增加产出和收入为公司赚钱，一个公司要产生利润，还必须依仗开源和节流。不直接与生产和客户打交道的人也能通过节俭为公司赚钱。

因此，每一个员工，都要在工作和生活中提高成本意识，养成为公司节约每一分钱的习惯。节俭实际上也是为公司赚钱。

节俭从节约成本开始

无论公司是大是小，是富是穷，使用公物都要节俭，员工出差办事，也绝对不能铺张浪费。节约一分钱，等于为公司赚了一分钱。就像富兰克林说的："注意小笔开支，小漏洞也能使大船沉没。"所以，不该浪费的，一分钱也不能浪费。

曾涛和夏雨同到一家公司应聘，一路过关斩将，两人进入了复试阶段。公司总经理交给曾涛一项任务，要他去指定的那家商场买一打铅笔。距离要去的商场只有一站路，总经理建议他乘公交车去，自己买车票，回来报账。

过了一会儿，总经理好像忘记了这件事，又吩咐夏雨去同一家商场买一瓶墨水。

他们两人先后回来了。

在总经理面前报账，曾涛除了买铅笔的钱，来回坐车的钱是2元。而夏雨除了买墨水的钱，来回坐车的钱是4元。

原来，时值正夏，天气酷热，曾涛坐的是普通公交车，票价只需1元。而夏雨因天气热坐的是空调公交车，上车就要2元。所以，夏雨的车票钱和曾涛的车票钱不一样。

很自然，曾涛被公司录取了。总经理是这样对他们说的：具有成本意识，懂得为公司节约的人，将来才能为公司赚钱。

曾经看到过这样一个有关节约的故事：

福海油脂公司修配车间主任郑述平，是公司的一名老员工。近几年来，负责修配车间的维修工作，凭自己熟练的维修技术和勤勤恳恳的工作热情，赢得了领导和员工的好评。他还有更加出色的另一面，那就是他变着法子为公司节约材料，变废为宝。

在福海油脂公司办公室的后面西侧，有一大堆拆卸下来的废旧设备和废旧配件，更确切地说，那是一堆"废铁"。这一堆铁在大部分员工眼里就是只能卖废品的废料。可是，郑述平好像对它们特别感兴趣。他不顾烈日暴晒，不怕蚊虫叮咬，经常光临这堆废铁。只见他手中拿着钢卷尺，量量这，看看那，在废铁堆上挑挑拣拣，当发现有用的钢轴、皮带轮、铁板、三角铁、铁管时，能拆的就拆下来，不能拆的就用气割把它割下来，拉回修配车间去留做备用。当车间急需时，经车床一加工就能用上，既节约了时间又省下了采购费用，真可谓两全其美。仅此一项，估计每年可为公司节约数万元资金。

不积点滴，难成江河。当今行业竞争激烈，公司的生产经营，都是从原料的采购费用，到加工费用，再到产品的销售费用，每个环节都是一分一厘地核算，也可以说，公司的利润来之不易。像郑述平这样勤俭节约，废旧利用的做法，自然有益于公司的兴旺与发展。

让节俭成为一种自觉行动

节俭是一种美德。节俭既是节约资源，降低成本的需要，也是公司作为一个现代企业应该具备的基本素质和文化。

法国作家大仲马曾精辟地说道："节俭是穷人的财富，富人的智慧。节俭是世上大小所有财富的真正起始点。"

众所周知，微软公司的总裁比尔·盖茨曾是世界首富，他的个人净资产已经超过美国 40% 最穷人口的所有房产、退休金及投资的财富总值。简单地说，他 6 个月的资产就可以增加 160 亿美元，相当于每秒有 2500 美元的进账。然而，比尔·盖茨的节俭意识和节俭精神比他的财富更令人惊诧。

从微软创业时起，比尔·盖茨就非常注重节俭。一次，兼任微软总裁的魏兰德将自己的办公室装饰得非常气派，比尔·盖茨看到后非常生气，认为魏兰德把钱花在这上面是完全没有必要的。他对魏兰德说微软还处在创业时期，如果形成这种浪费的风气，不利于微软的进一步发展。

即使在微软开始成为业界营业额最高的公司时，比尔·盖茨的这种节俭作风也没有改变过。1987 年，还是在比尔·盖茨与温布莱德相恋的时候，一次，他们在一家饭店约会，助理为他在该饭店订了间非常豪华的房间。比尔·盖茨一进门便呆了，一间大卧室，两间休息室，一间厨房，还有一间特大的、用于接待客人的会客厅。比尔·盖茨简直气蒙了，禁不住骂道："这是哪个混账东西干的好事？"

还有一次，比尔·盖茨到台湾去演讲，他下飞机后就让助理去下榻的宾馆订了一个价格便宜的标准间。很多人得知此事后，大惑不解。在比尔·盖茨的演讲会上，有人当面向他提出了这个问题："您已是世界上最有钱的人了，为什么要订标准间呢？为什么不住总统套房呢？"

比尔·盖茨回答说："虽然我明天才离开台湾，今天要在宾馆里过夜，但我的约会已经排满了，真正能在宾馆的这间房间里待的时间可能只有两个小时，我又何必浪费钱去订总统套房呢？"

比尔·盖茨一年四季都很忙，有时一周要到四五个国家召开十几次会议。坐飞机他通常都坐经济舱，没有特殊情况，他是绝不会坐头等舱的。

有一次，在美国凤凰城举办电脑展示会，比尔·盖茨应邀出席。主办方事先给比尔·盖茨订了张头等舱的机票，比尔·盖茨知道后，没有同意他们的做法，然后硬是换成了经济舱。还有一次，比尔·盖茨要到欧洲召开展示会，他又一次让主办方将头等舱机票换成经济舱机票。

一次，比尔·盖茨和一位朋友同车前往希尔顿饭店去开会，由于去迟了，以至于找不到停车位。他的朋友建议把车停到饭店的贵宾车位上。但是，世界首富的比尔·盖茨却不同意。他说："这要花12美元，这可不是个好价钱。"

"我来付。"他的朋友说。

"那可不是个好主意，这样太浪费了。"比尔·盖茨坚持不将汽车停放在贵宾车位上，是比尔·盖茨小气、吝啬到已成为守财奴的地步了吗？当然不是，作为天才商人的比尔·盖茨深深地懂得花钱应像炒菜放盐一样要恰到好处，哪怕是很少的几元钱也要让它发挥最大的效益。正是有了这种节俭的习惯，微软公司才能在激烈的市场竞争中游刃有余，脱颖而出，在勤俭中创造出最大的利润。

如果说追求利润是企业的根本目标，而利润指标又是定量的，那么如果降低了成本，就等于增加了利润。

杜绝浪费从小处做起

1998 年 5 月，已名扬华夏的海尔集团，却正在为一些内部"琐事"而"小题大做"，以下是《海尔人》报上登的批评文章：

一张白纸写几个字就扔掉；拿宣传单页铺在浴室的橱内；大小会议、开业志庆，即便是对集团内部部门，动辄也以精美的请柬相邀，尽管打个电话也完全可以达到请人的目的。更不论那精美的请柬每个至少要花 2 元钱，而每张请柬拿在人的手里不超过 2 分钟就会看完弃之一边了。可以推想，还得派人买请柬，填写请柬，再派人派车花上时间送请柬，这些成本谁算过？

再说发传真，问一位驻外营销人员每天收发多少张传真，答曰：不论张，"张"太小儿科了，要论"米"。可有谁研究过：这几米的传真，有几张是有用的？

还有广告单页，印时脑子中就没有预算，一印就是几十万张，一旦过时或不符合市场思路，便都成了废纸；可面对作废了的印刷品，有几个上级对此追究过谁有责任呢？责任人应该承担百分之几的经济赔偿呢？至今没有谁因印刷品作废而受到经济处罚。

你也许认为这过于大惊小怪了——偌大一个海尔，浪费一张纸怕什么？多打一会儿电话又算什么？

那就让我们来算算账吧！假如每一个海尔人一天浪费一张 A4 纸（按 0.07 元／张计），1.8 万名员工一年就要浪费 45.99 万元呢！

各级管理者应该把狠刹败家子行为与每个人的利益挂起钩来，否则又不花他家的钱，他才不心疼！

不尽精微，无以致广大。杜绝浪费，控制成本，就是在为企业创造效益。而那些触目惊心的浪费，其实就体现在我们常常视而不见的细枝末节上。

工作中，我们一些员工没有成本意识，他们对于公司财物的损坏、浪费熟视无睹，让公司白白遭受损失，自然也使公司的开支增大，成本提高。

如今一些大公司提倡这样的节约精神：节约每一分钱，每一分钟，每一张纸，每一度电，每一滴水，每一滴油，每一块煤，每一克料。

在一家效益不错的金融机构，有一天老板让秘书公告全公司，所有的纸都要两面用完才能扔掉。表面看来老板极其吝啬，在一张纸上都要做文章，其实这样做自有他的道理。老板说："让文员和秘书这样做，可以使公司减少支出，相对来说，为公司增加了利润，还可以培养员工的节俭作风和成本意识。"

从小事做起，从我做起。老板们这样做的目的，就是希望员工头脑中有一个简单却至关重要的概念，那就是每一个公司的成员都有责任尽力帮助公司赚钱。当员工的头脑中形成节约这个概念并贯穿于工作中时，大家一定会见到效果的。

　　作为一名员工，我们每做一项工作，都要想一想，怎样才能为企业节约每一分钱，甚至是一分钱都要掰成两半花。只有把这种节约的意识深入到每一项工作、每一个环节上，我们的最低成本目标才会实现，这也就是"为企业节约一分钱，就相当于为企业赚取了一分钱的利润"的道理。

你的工资从哪里来？

　　千万不要认为一个公司只有生产人员和营销人员才能争取客户，增加产出和收入为公司赚钱，一个公司要产生利润，还必须依仗开源和节流。不直接与生产和客户打交道的人也能通过节俭为公司赚钱。

*4.*处处维护公司的利益

作为一名员工，应该认识到，公司的利益高于一切。在任何情况之下，任何人，必须把维护公司利益当作首要任务。无论做什么事情，首先考虑的是该事对公司来讲有无好处，有无坏处。

公司利益是实现个人利益的基础，公司利益与个人利益并不矛盾，公司利益与员工利益紧密相连、相辅相成。公司利益最关键，公司能否实现持续发展，直接关系到员工利益能否实现，只有公司的利益得到了保障，个人利益才有可能得到相应的保障。只有公司盈利了，我们员工的工资、福利待遇才能随之提高。从这个角度来讲，维护公司利益就是维护员工自身的利益。

维护公司利益包括许多方面，比如顾全大局、维护部门利益、坚决抵制破坏公司利益或公司形象的行为、正确处理个人与公司利益的关系等。一个优秀的员工不但是公司物质利益的维护者，更应该是一个公司形象的宣传者与保护者。

维护公司利益是基本的职业道德

维护公司利益是一个员工必须恪守的基本的职业道德。古人云"修身齐家治国平天下"，一个优秀的员工也应该如此，将维护公司利益作为基本的职业道德，应该是修身的重要组成部分。

作为一名员工，不要忘了自己的角色，你需要为公司争取利益，而不是去损害公司的利益。

一家外资企业要招聘 1 名技术人员，月工资 5000 元，应聘者蜂拥而至。

魏诚是一家企业的技术人员，因单位效益不好下岗了，他也参加了这次应聘。面对考题他并不怵，外文、专业技术类考题答得十分圆满。唯有第二张考卷的两道"怪题"令他头疼："您所在的企业或者曾任过职的企业经营成功的诀窍是什么？技术秘密是什么？"

这类题对于曾在企业搞过技术的魏诚并不难。可魏诚手中的笔却始终高悬着，捏来攥去，迟迟落不下去。多年的职业道德在约束他：厂里的数百名职工还在惨淡经营，我怎能为了自己的饭碗而砸大家的饭碗呢？

他毅然挥笔在考卷上写下 4 个大字："无可奉告！"

魏诚拖着沉重的步子向家里移动着，进门后，妻子一再追问，他才道出了答题的苦衷，全家人默默无语。

正当魏诚连日奔波，另谋职业之际，石破天惊，外资企业发来了录用通知。

录用通知上清楚地写着：你被录用了，因你的能力与才干，还有我们最需要的——维护公司利益。

由此可见，维护公司利益已经成为现代企业判断和衡量员工的基本准则。一名员工固然需要精明能干，但再有能力的员工，不以公司利益为重仍然不能算是一名合格的员工。

维护公司利益从细处讲就是：要求员工尽职尽责，热爱本职工作，对客户负责，有强烈的责任感，能充分承担本职工作的经济责任、社会责任和道德责任，不做任何与履行职责相悖的事，不做那些有损于企业形象和企业信誉的事，更不做违背公司利益的事。

从某种程度上来说，不能维护公司利益的员工是相当可怕的，特别是那些身居要职而又居心不良的"精明能干者"。这种人参与公司的决策，了解公司的秘密，他们的某些行为甚至可能直接影响到公司的生存和发展。因此，一个公司所器重、所信赖的员工，往往都是那些维护公司利益的人。

努力维护公司形象

维护公司利益的另一个重要方面是维护公司形象。企业形象不仅指企业的各项硬件设施建设和软件开发条件，更要靠每一位员工从自身做起，塑造良好的自身形象。因为，员工的一言一行直接影响企业的外在形象，员工的综合素质就是企业形象的一种表现形式，员工的形象代表着企业的形象，员工应该随时随地维护企业形象。

企业的良好形象和声誉，是一个企业通过长期不懈的努力，在激烈的市场竞争中不断创新，追求卓越，日积月累才逐渐赢得的，作为企业的一员，精心维护企业来之不易的形象是责无旁贷的义务。

企业形象就像自己的名片一样，与个人的职业理想、价值观和社会地位有密不可分的关系。每个员工都应该像爱护自己的家庭、珍惜自己的名誉一样维护企业的声誉。企业有了良好的社会信誉，才能在激烈的市场竞争中得到生存和发展，员工个人的价值才能得到体现。如果企业的声誉受到损害，员工个人的价值也同样会受到损害。

一句"Fedex，使命必达"的广告口号，令许多人朗朗上口。在联邦快递的电视广告中，救护车司机看到前方车阵壅塞，为了救人，赶忙直接将人抱起送医，生怕耽误病人送医的宝贵时间。联邦快递因为大力网罗对工作充满使命感的人才，因此标榜能够提供及时可靠的快递服务。

联邦快递公司有一个很特别的"紫色承诺"，意思是无论付出任何代价，也要确保客户对公司的服务称心满意。为了做到"紫色承诺"与"使命必达"，不管碰到什么麻烦，联邦快递的员工都愿意多做一些，克服困难，以如期达成客户交付的责任。

一个风雪交加的晚上，快递公司要送一个非常重要的包裹给客户，送包裹的员工快到客户家时才发现，这位客户住在山顶上，大雪已经封死了上山的必经之路，而约定包裹送达的最后期限马上就要到了！于是这位员工当机立断，在没有请示公司的情况下自己做主雇了一架直升机，并且用自己的信用卡支付了所有费用，把包裹送了上去。客户感动万分，马上向当地媒体通报了这件事。

这个员工在受到外界突发事件的影响时，还能以公司的利益为重，不惜牺牲个人的利益，也要维护公司的形象。

企业在发展过程中经常会遇到不利的甚至是负面事情的影响，比如顾客投诉或者法律诉讼，在这种情况下，每名员工更应该从维护公司利益的大局出发，贯彻企业的经营理念，认真细致地解决问题，正确化解各种矛盾，积极消除不利影响。而不是无谓地传播甚至夸大这些不利影响，散布不利于企业声誉的言论。只有全体员工都一心向上，劲往一处使，企业才会不断向前发展。企业成功了，员工的自身价值也会随之而提高。所以，每个员工在日常工作中要多做对维护企业声誉有利的事，而不做有损企业利益和名誉的事。

一家企业被媒体错误报道，蒙受了不白之冤。而当时企业老总在国外考察。当天中午公司员工听到了媒体的错误报道，下午4点就有员工主动出面召开记者会澄清，并成为当天晚上许多电视新闻的头条。因此这家企业不但没有因为错误报道受到影响，反而成为媒体聚光的焦点。这家企业在4个小时内即召开记者会，并吸引电视台及各大媒体到会场来，半天之内澄清谣言，及时维护了公司形象。

如果说企业的硬件是肢体，那员工则是企业的血液和灵魂。作为企业的一名员工，不管走到哪里，都始终要记得维护公司的形象。

员工走出公司的一举一动，无不在外人的眼中影响着公司的形象。员工的形象也就是企业的形象，特别是在客户的眼里，员工给客户自信的感觉，就犹如企业给了客户实力雄厚的感觉，员工的谈吐影响着企业的信誉。

美国新奥尔良市的考克斯有线电视公司中有一位年轻的工程师，名叫布莱恩·克莱门斯，他的工作地点在郊区。有一天早上，克莱门斯到一家器材行去购买木料。正当他等待切割木料的时候，无意中听到有人抱怨：考克斯公司的服务差劲极了……那个人越说越起劲，结果有八九个店员都围过来听他讲。

布莱恩当时正在休假，他自己还有事情要办，老婆又在等他回家。他大可以置若罔闻，只管做自己的事。可是布莱恩却走上前去说道："先生，很抱歉，我听到了你对这些人说的话。我在考克斯公司工作。你愿不愿意给我一个机会改善这个状况？我向你保证，我们公司一定可以解决你的问题。"

那些人脸上的表情都非常惊讶。布莱恩当时并没有穿公司的制服，他走到公用电话旁，打了个电话回公司，公司立即派出修理人员到那位顾客家中，去帮助他解决问题，直到他满意为止。后来布莱恩还多做了一步，他回去上班后，打了个电话给那位顾客，确认了他对一切都心满意足。事后布莱恩受到了公司负责人的高度赞扬，并号召公司全体员工向布莱恩学习。

不管是在工作时间之内，还是在工作时间之外，也不管是身在公司，还是出门在外，对损害公司形象的言语和行为都应予以制止，随时随地维护公司形象。

时刻想着为公司做宣传

一个处处为公司着想的员工，不管他身在何处，在什么时候，也不管他在做什么，都会时刻想着为公司做宣传。

在市场经济时代，总是有人把个人利益放在第一位，在工作时间之外，很少考虑公司的利益，更别说为公司做宣传了。这种人根本就没有意识到，其实，为公司着想，为公司赢得利益，也是为自己着想，也会为自己带来利益。

在 2006 年第 10 期《特别关注》杂志上看到张丽钧的一篇《抓住良机》的文章：

杨先生在一家保健品公司担任推销员。一次，他乘飞机出差，遇到了劫机，度过了惊心动魄的 10 个小时之后，在各界的积极努力下，问题终于得到了解决。就在要走出机舱的一瞬间，杨先生突然想到在影视作品中经常看到的情景：当被劫持的人从机舱中走出来的时候，总会有不少记者前来采访。为什么不利用这个机会，宣传自己公司的形象呢？

想到这儿，他立即做了一个在那种情况下谁都难以预料到的举动——从箱子里找出一张大纸，在上面写了一行大字："我是 ×× 公司的推销员，我和公司的 ×× 牌保健品安然无恙！非常感谢营救我们的人！"

他打着这样的牌子一出机舱，立即被电视台的镜头捕捉到了，成为这次劫机事件的明星，多家新闻媒体对他进行了采访报道。

待他回到公司的时候，董事长和总经理带着所有的中层主管，在公司门口夹道欢迎他。原来，他在机场别出心裁的举动，使得公司和产品的名字在一瞬间家喻户晓。公司的电话都快被打爆了，客户的订单更是一个接一个。董事长动情地说："没想到，你在那样的情况下，首先想到的竟然是公司和产品。毫无疑问，你是最优秀的推销主管！"董事长当场宣读了对他的任命书：主管营销和公关的副总经理。之后，公司还奖励了他一笔丰厚的奖金。

这是一个很有说服力的例子，一个员工身处危机之中，还没来得及安神定心，首先想着的却是公司。一点也没错，时刻想着公司的利益，自己的利益也能得到最大的满足。

由洛克菲勒创办并经营的美国标准石油公司是当时世界上最大的经销商，那时每桶石油的售价是 4 美元，公司的宣传口号就是：每桶 4 美元的标准石油。

作为众多销售员之一的阿基勃特，仅是公司里的一个名不见经传的小职员，身份低微。但无论外出、购物、吃饭、付账，甚至是给朋友写信，只要有签名的机会，他都不忘写上"每桶4美元的标准石油"。有时，阿基勃特甚至不写自己的名字，而只写这句话代替自己的签名。时间久了，同事们都开玩笑叫他"每桶4美元"。

尽管受到各种嘲笑，但阿基勃特从不为之所动。

4年后的一天，担任美国标准石油公司董事长的洛克菲勒，听别人说起此事，他为公司有这样一位忠心耿耿的职员感到十分高兴，并且兴致勃勃地与阿基勃特见面和交谈，共进晚餐。饭间，洛克菲勒问阿基勃特为什么这么做，阿基勃特说："这不是公司的宣传口号吗？每多写一次就可能多一个人知道。"

5年后洛克菲勒卸职，阿基勃特继任美国标准石油公司第二任董事长。

美国标准石油公司是一家世界500强的大企业，企业内无论才华还是能力，在阿基勃特之上的人不在少数，但却只有阿基勃特成了董事长。

在签名的时候署上"每桶4美元的标准石油"，这一举动也许不算什么，但阿基勃特却从点滴的小事做起，用真心去宣传自己的企业，最后不但为企业树立了良好的形象，也为自己赢得了利益。

树立对公司的荣誉感

荣誉感（包括个人和集体荣誉感）是使人积极向上，建立功勋的强大动力。荣誉感和自豪感是一个团队战斗力的真正源泉，一个没有荣誉感的团队是没有希望的团队，一个没有荣誉感的员工也不会成为一名优秀的员工。

荣誉感是团队的灵魂，对企业的意义非同小可。每一个企业都应该对自己的员工进行荣誉感教育，每一个员工都应该树立对自己的岗位和公司的荣誉感，对自己的工作引以为荣，对自己的公司引以为荣。

IBM公司是一个追求伟大与卓越的公司。由于其深厚的企业文化传承，使得在IBM公司工作的人都有一种源自内心深处的荣誉感。这个荣誉感也是推动IBM这列高速火车朝向企业目标前进的动力。

IBM公司员工很骄傲地告诉大家："我在IBM公司工作！"

IBM院士、美国工程院院士、IBM中国软件开发中心总经理郑妙勤女士表示："作为一名在IBM从事数据库研究的工作者，我为自己的工作和IBM数据库感到自豪。"

"神六"飞天靠的就是航天英雄有巨大的荣誉感和使命感作支撑。

"神六"座舱9立方米空间，在这种极其有限的狭小空间内生活5天，对于常人来讲，是一个几乎不可能完成的任务。然而经过严格训练的两位飞天英雄，费俊龙和聂海胜却在封闭式的座舱内度过了5个日夜。他们在挑战神州大地宇航载人纪录的同时，经历了一场自我心理的考验战。

上海中医药大学博士生导师、中华医学会副主任委员何裕民教授认为：若非是宇航员的太空舱，一般情况下人在进入局限空间前必须加以确认，其心理应先产生"动机效应"，即有一个信念支撑，否则长时间的封闭空间对人的身体和心理的伤害是非常大的。倘若不是宇航员"飞天"巨大的荣誉感和使命感对费俊龙和聂海胜心理有这么一个"动机"的话，常人是很难健康地在这9立方米的空间内生活5天的，或多或少地都会引起心理或生理上的不适。

从事任何一项工作，都必须依靠一种精神力量和内在动力去推进。

一个没有荣誉感的员工，能成为一个积极进取、自觉自发的员工吗？如果不能认识到荣誉的重要性，不能认识到荣誉对你自己、对你的工作、对你的公司意味着什么，又怎么能为公司争取荣誉、创造荣誉呢？

能够维护公司利益的员工都具有强烈的荣誉感。有荣誉感的员工，会顾全大局，以公司利益为重，绝不会为个人的私利而损害公司的整体利益。因为他们知道，只有公司强大了，自己才能有更大的发展空间。

你的工资从哪里来？

公司利益是实现个人利益的基础，只有公司的利益得到了保障，个人利益才有可能得到相应的保障。只有公司盈利了，我们员工的工资、福利待遇才能随之提高。从这个角度来讲，维护公司利益就是维护员工自身的利益。

第二章

你的工资从你的工作绩效中来

1. 干出你的工作绩效

什么是绩效

绩效是通过一个统一的标准，通过结果和过程来综合考察一个人的能力。这个"能力"又可被划分为业绩和效率。如何体现一名员工的工作绩效呢？它集中体现为其所拥有的工作效率和所创造的工作业绩。

利润是决定一个企业命运的重要指标之一，而企业的利润正是由员工所创造出来的。客观地说，员工所创造利润的多少将直接来自于工作绩效的高低，这也是员工自身价值的一个重要体现。资历只是从一个侧面反映出你进入公司的年限，阅历也只是反映你的从业经历，而真正有价值的体现靠的是实力，直接反映为你所拥有的工作绩效。

业绩是一个企业的生命，每一个企业都把注重业绩当作自己企业文化的重要组成部分，而且把业绩观当作员工的重要素质标准之一。

在美国通用电气公司（GE），业绩在其核心价值观中就占有着十分重要的位置。GE特别重视对员工的业绩观的培训。

新员工进入GE，公司会在员工的入厂教育中告诉他们：业绩在GE的文化中非常重要。在GE，所有员工无论是来自哈佛大学，还是来自一所不知名的学校，也无论以往在其他公司有着多么出色的工作经历，一旦进入GE，大家都在同一起跑线上。每个员工必须重新开始，从进入GE开始，衡量员工的是他在GE的业绩，是为GE所做的贡献，员工现在及今后的表现比他过去的经历更重要。

GE向来都关注业绩，GE前首席执行官杰克·韦尔奇提出的"数一数二"的口号就是对此做出的最好诠释。对于员工来说，业绩当然重要——业绩好、有明显成绩的员工很容易得到提升；业绩若不尽如人意，则会面临被淘汰的危险。

GE严格评估员工的业绩和发展潜力，公司对每位职员的考核是经常性、制度性的。GE有一个称之为"活力曲线"的有效绩效评价方法，根据业绩评估结果，GE绘制出一条活力曲线，这一活力曲线在GE内部有效地营造了一种强有力的绩效文化。

所谓的活力曲线，就是运用强制正态分布法将员工的考核结果按从好到差的次序进行排序，然后分成3类：排名在前20%的A类员工，是GE公认表现最优秀的"明星员工"，GE为他们提供更具挑战性的工作岗位，制订详细的发展计划，给他们优厚的物质奖励，如增加工资、股票期权等；排名在中间占总数的70%的B类员工是GE业务成败的关键，GE同样给这部分员工提供培训与提升的机会；排名在最后10%的C类员工，GE给他们3～6个月的时间安排他们培训或是转岗，要求他们快速调整状态，找出原因并迅速赶上，如果不能实现这　目标的话，便面临被辞退的危机。所有的员工都在争当前20%，而且时时提醒自己努力工作，不能松懈，千万不能掉入后10%。

GE为员工提供有竞争力的薪酬机制，GE的工资增长计划也是根据员工的业绩确定A、B、C三级，员工的工资增长都是根据员工的业绩制定的，员工上一年的业绩好坏，直接决定着工资增长的周期和工资的涨幅。

A 类员工，工资增长的幅度高，周期短。表现非常优秀的员工，根本无须一年时间，有的员工 10~11 个月就可以获得加薪。

在 GE，员工的升迁不是论资排辈，而是根据业绩和才能来决定的。才华突出的人很容易就能找到自己的用武之地，一夜之间连升三级早已不是什么稀奇事，韦尔奇本人当上首席执行官时年仅 44 岁。

现任通用 CEO 杰夫·伊梅尔特在负责 GE 医疗系统时，曾经有一年业绩不太好。通过一段时间的考察后，韦尔奇告诉他说："我们都很喜欢你，也相信你的能力，但如果明年你的业绩还不好，我们就必须采取行动了。"

当时杰夫回答道："如果结果不尽如人意，您不需要亲自来辞退我，因为我会自己离开的。"结果，第二年，杰夫·伊梅尔特的业绩又重新提了上去，并且业绩越来越突出。GE 也给了他相应的回报，他的职位在逐级晋升。在 GE，这种例子不计其数。

在 GE，合适的员工有两个条件：一是业绩良好，二是价值观与公司的价值观相同。

在这个以业绩为主要竞争力的时代，没有能力改善公司业绩，或者不能出色地完成本职工作的员工，是没有资格要求企业给予回馈的，因为这种人恰好是公司打算"去掉"的人选。

1993 年，郭士纳就任 IBM 公司董事长和首席执行官。这是 IBM 第一次从本公司员工外挑选一位领导人。而郭士纳出任之际正是 IBM 亏损惨重、即将分崩离析之时。

郭士纳上任后，他的扭亏为盈的措施之一就是裁员。他在一份备忘录中说出了自己的肺腑之言："你们中有些人多年效忠公司，到头来反被宣布为'冗员'，报刊上也登载了一些业绩评分的报道，当然会让你们伤心愤怒。我深切地感到自己是在要大量裁员的痛苦之时上任的，我知道这对大家都是痛苦的，但大家都知道这也是必要的。"

不解雇政策是 IBM 企业文化的主要支柱，公司创始人托马斯·沃森认为，这样可以让每个员工觉得安全可靠。如今，郭士纳裁员却是动了大手术，辞退了至少 35000 名员工。

裁员行动结束后，郭士纳对留下来的雇员说："有些人总是抱怨，自己为公司工作多年，薪水太少了，职位升迁太慢。你们必须拿出点成绩让我看看，得给我创造出最大的效益。现在，你们是否继续留任，就看你们的表现了。"

通过一系列的治理整顿和改革，郭士纳在短短的 6 年中重塑了 IBM 这个曾是传奇式偶像企业的美好形象，使之走上了重新增长的复兴之路。

职场中辞退员工是经常见到的事情，有些人已经是处之不惊了。但有一个道理我们必须清楚：公司作为一个经营实体，必须靠利润去维持发展，而要发展便需要公司中的每个员工都贡献自己的力量和才智。公司是员工努力证明自己业绩的战场，证明自己的唯一法则就是业绩。无论何时何地，如果没有做出业绩，你迟早会成为一枚被公司弃用的棋子。

通常来说，一个成功老板的背后必定有一群能力卓越，业绩突出的员工。老板心中得分很高的员工，也一定是那些业绩斐然的员工。当然，他们将获得丰厚的奖赏，而业绩差的员工，则随时会有被老板解雇的可能。

高绩效是好员工的显著标志，没有绩效，再聪明的员工也会被淘汰出企业。

对于一名员工来说，出色的业绩是靠埋头苦干干出来的，绝不是口头上说说就能取得的。要吃樱桃先栽树，要想收获先付出。出色的业绩需要人们在工作的每一个阶段，都能找出更有效率、更经济的方法。在工作的每一个层面，找到提升自己工作业绩的有效途径才是最重要的。

你的工资从哪里来?

员工所创造利润的多少将直接来自于工作绩效的高低。老板心中得分很高的员工，一定是那些业绩斐然的员工。当然，他们将获得丰厚的奖赏。对员工来说，出色的业绩是靠埋头苦干干出来的，绝不是口头上说说就能取得的。

*2.*用业绩说话

我们必须勇于接受并且尊重这样一个现实——在企业和老板的心目中，其实最看重的是两个字——业绩。

业绩对员工和公司的重要性不言而喻。企业要蒸蒸日上，需要好业绩；员工实现卓越，也需要好业绩；没有业绩，一切都免谈。一个员工每天辛苦努力地工作，如果没有业绩，公司不赚钱，拿什么给员工发工资呀？

现在大部分公司都实行岗位薪酬制，除一定数额的基本工资外，其余诸如奖金、福利等完全根据个人工作业绩来决定。业绩高则收入高，否则就只能是低薪。在销售、保险等行业，其收入更是取决于工作业绩，可以说完全视乎个人能力。

所以，作为一名员工，无论你曾经付出了多少心血，做了多大努力，也不管你学历有多高，工作年限有多长，人品是如何的高尚，只要拿不出业绩，那么老板就会觉得他付给你薪酬是在浪费金钱，你的结局也就不言自明了。

现实就是如此。千万不要因此而责怪老板和企业薄情寡义。一名员工，必须要把努力创造业绩，为老板和企业谋利当作神圣的天职，光荣的使命。非如此，便纵有千般好，万般优，归根结底还是等于零。因此，业绩好才是硬道理。

在《与公司一起成长》一书中有这样一个案例：

这已经是杰西卡的第三份工作了，她不明白为什么无论在哪个公司、从事哪一份工作，每到年底考核之后自己都会成为被炒鱿鱼的那个倒霉蛋。凯茜、南希和自己学历相当，而且都是同一批进入公司的，她们现在都有了不错的业绩，而且在新的一年里还都有望得到进一步提升。

回首这一年自己的业绩确实有些恼人，整整一年，杰西卡都没有接到什么大单，也许这是整个行业都不景气的缘故吧。可是凯茜的客户资源却依然丰富，她似乎整天都忙着和客户谈判。南希虽然没有像凯茜一样丰富的客户资源，但是她也没让自己闲着，她的业务能力一直令杰西卡羡慕不已，即使是最不景气的去年也有好几笔大单进账。

杰西卡找到了业务主管，希望主管再给她一次机会，她觉得主管并不是一个苛刻的人。主管正在办公室里看文件，杰西卡敲门之后进去了。刚刚坐下，主管就接听了一个电话，是公司总部打来的，杰西卡听到电话的另一端正在向主管下达解聘自己的命令，而主管则竭力向对方证明杰西卡是个不错的员工，对方沉默了一会儿，然后说道："我们也相信她不错，但是她可能并不适合在我们公司待下去，因为她一直没有像其他员工一样用业绩证明自己的优秀。我也没有办法，她必须离开，因为公司要发展，不能让任何人拖后腿。"

还能说什么呢？杰西卡只有黯然地离开公司了。

市场经济下，公司要想获得很好的生存和发展，必须创造价值，而公司价值的获得靠的就是员工的业绩。一个为公司着想的员工，应千方百计地想着如何为公司创造价值，而要做到这一点，关键的就是用业绩说话。

你的工资从哪里来？

一个员工每天辛苦地努力工作，如果没有业绩，公司不赚钱，拿什么给员工发工资呀？一个为公司着想的员工，应千方百计地想着如何为公司创造价值，而要做到这一点，关键的就是用业绩说话。

3.不重苦劳重功劳

让我们先厘清"功劳"与"苦劳"这两个观念。

功劳是针对企业目标或产出而定的，只有当员工的所作所为有助于达成企业目标时，我们才可以说这位员工立下了功劳。

苦劳则是针对员工所出的力量而言，与企业目标并不相关，因此，才有所谓"没有功劳也有苦劳"的说法。

在企业中最受重视的员工，并不是那些只知道埋头苦干的员工，只有那些出成果、重成效的员工，才最有发展前途。著名的IT企业联想集团有这样一个理念："不重过程重结果，不重苦劳重功劳。"企业里最重视的是你的"功"，而不是你有多"苦"。作为一名员工，你要追求的不是"苦劳"，而是"功劳"。

完成任务≠结果

在工作中，有一句话常常被提到："没有功劳也有苦劳。"特别是那些能力不够的、对待工作没有尽力的人，这句话常常被他们用来安慰自己，也常常成为他们抱怨的借口。这些人认为，一项工作，只要做了，不管有没有结果，就应该算做出了成绩。

当今企业中，有不少员工存在这样的观念。当上司交给的任务没有成功地完成的时候，就会产生"没有功劳也有苦劳"的想法，觉得管理者会谅解自己的难处，会考虑自己的努力因素。

著名企业战略专家姜汝祥在《请给我结果》一书中，强调了"完成任务≠结果"这样一个理念，转录如下：

我们要懂得一个基本道理：对结果负责，是对我们工作的价值负责；而对任务负责，是对工作的程序负责，完成任务≠结果！

无巧不成书，小张、小李、小王不仅是中学同班同学，而且是大学同班同学，更是同一天进入了同一家公司。

但是他们的薪酬却大不相同：小张月薪5000元，小李月薪3500元，小王月薪1500元。

有一天，他们的中学老师来看望他们，得知他们薪酬的差距之后，老师就去问总经理："在学校，他们的成绩都差不多啊，为什么毕业一年他们的工资会有这么大的差距？"

总经理听完老师的话，笑着对老师说："在学校他们是学习书本知识，但在公司里，却是要行动，要结果。公司与学校的要求不同，员工表现也与学校的考试成绩不同，薪酬作为衡量的标准，就自然不同呀！"

看到老师疑惑不解地皱着眉头，总经理对老师说："这样吧，我现在叫他们三人做相同的事情，你只要看他们的表现，就可以知道答案了。"

总经理把这三个人同时找来，然后对他们说："现在请你们去调查一下停泊在港口边的船舶上货品的情况。船上毛皮的数量、价格和品质，你们都要详细地记录下来，并尽快给我答复。"

一个小时后，他们三人都回来了。

　　小王先做了汇报："那个港口有一个我的旧识，我给他打了电话，他愿意帮我们的忙，明天给我结果。为了保证明天他给我结果，我准备今晚请他吃饭，请您放心，明天一定给您结果。"

　　接着，小李把船上的毛皮数量、品质等详细情况报给了总经理。

　　轮到小张的时候，他首先重复报告了毛皮数量、品质等情况，并且将船上最有价值的货品情况详细记录了下来。然后表明，他已向总经理助理了解到总经理的目的，是要在了解了货物的情况后与货主谈判。于是，他在回程中，又打电话向另外两家毛皮公司询问了相关货物的品质、价格等情况。

　　此时，总经理会心一笑，老师也恍然大悟了。

　　相信看到这种情况后，任何一个人都会像那位老师一样，一下子就会明白，为什么他们的薪酬会有这么大的差别。

　　在任何一家企业，我们都可以看到这三类人。我们应当问问自己：哪一个人中有自己的影子？我们是否真正清楚——我们周围那些收入高的人，为什么他们的薪酬与我们的不一样？

　　姜汝祥在书中，还提到了没能为公司提供结果的行为，实际上是"有了苦劳，却没有功劳"：

　　领导让小王去买书，小王先到了第一家书店，书店老板说："刚卖完。"之后又去了第二家书店，营业员说已经去进货了，要隔几天才有；小王又去了第三家书店，这家书店根本没有这本书。

　　快到中午了，小王只好回公司，见到领导后，小王说："跑了三家书店，快累死了，都没有，过几天我再去看看！"领导看着满头大汗的小王，欲言又止……

什么是任务？什么是结果？买书是任务，买到书是结果。小王有了苦劳，却没有功劳，因为他没有为公司提供结果。要知道公司是靠结果生存的，如果我们每个人都满足于苦劳，满足于"我尽力了，结果做不到我也没办法"，那么公司靠什么生存？客户会因为公司员工很辛苦，但没有提供优质产品就付钱给你吗？

小王买书，去买是任务，买到书是结果。小王的确跑了三家书店都没有书，这就意味着小王已经付出了劳动，却没有结果，如何让自己的劳动不白费？只要小王执着地要结果，就有很多办法。

方法一，打电话问其他书店是否有这本书，这样可以大大节省跑书店的时间。

方法二，向书店打听，或者上网查这本书是哪家出版社出版的，直接向出版社邮购。

方法三，到图书馆查是否有这本书，如果有，就问领导愿不愿花钱复印。

但小王这么做了吗？没有！为什么他不这么做？是因为他脑子中有一种观念，你安排我做这件事，我就做这件事，我只对事负责，我不对结果负责。但公司真正想要的是做事吗？不是，公司要的是做事的结果！

做事，一般只看结果，不关注过程。没有功劳也有苦劳，这是一些事情没做成还想让别人记功的人喜欢强调的理由。如果目标没有达到，所有的辛苦和客观原因都不能成为没有结果的理由。不管黑猫白猫，只要抓到老鼠才是好猫。这也是以功劳论英雄。

作为一名员工，我们强调的不应该是过程，而是结果，事情没有做成功不需要为自己找任何理由，因为，结果，才是最重要的。

一切以业绩为导向

古罗马皇帝哈德良曾经碰到过这样一个问题。他手下有一位将军，跟随自己长年征战。有一次，这位将军觉得他应该得到提升，便在皇帝面前提到这件事。

"我应该升到更重要的领导岗位，"他说，"因为我的经验丰富，参加过10次重要战役。"

哈德良皇帝是一个对人才有着高明判断力的人，他并不认为这位将军有能力担任更高的职务，于是他随意指着拴在周围的驴子说："亲爱的将军，好好看看这些驴子，它们至少参加过20次战役，可它们仍然是驴子。"

其实工作也一样，人在工作中没有苦劳，只有功劳。经验与资历固然重要，但这并不是衡量能力的标准。如果只讲资历不看能力，就会出现论资排辈的现象。

俗话说：革命不分先后，功劳却有大小。企业需要的是能够解决问题、勤奋工作的员工，而不是那些曾经做出过一定贡献，现在却跟不上企业发展步伐，自以为是不干活的员工。在一个凭实力说话的年代，讲究的是能者上庸者下，没有哪个老板愿意拿钱去养一些无用的闲人。

企业要永远保持创业状态，而要做到这一点，则需要让"每一个细胞都充满活力"。

作为一个发展多年的企业，海尔是怎么保证创业元老不失去创业激情的？元老怎么样才能跟得上企业发展的步伐？

海尔集团董事局主席张瑞敏回答说："我认为对待元老还是要看他是否对企业做出贡献，如果你因为照顾他，导致企业没有饭吃了，那么这种照顾就是对所有员工的不照顾。无论是元老还是年轻人，你到底怎么样做才算真正的照顾呢？我认为不是表现在小恩小惠上，而是让他自己具有竞争力。"

海尔的人力资本管理一反学历主义、裙带关系和情面观念的老路，坚持"三不"：不讲过去，不论过去为海尔发展做出过多大贡献，包括"海尔功臣"（海尔最高奖励），只要不胜任今天的工作，绝无客观原因和情面可讲，"昨天的奖状，今天的废纸"，海尔人不欣赏昨天的荣誉和脚印，只欣赏跟上时代发展步伐的人。不讲关系，个人收入和升迁只与效益相联系，与个人出身和社会关系无关，一律用一把尺子——效益衡量。不讲学历和资历，只看业绩，以绩效论英雄，真正做到"能者上、平者让、庸者下"。

每年年终，总有一部分中层干部因完不成目标任务而落马，也总有一批超额完成目标任务的新秀走上领导岗位，"能者上、平者让、庸者下"，在海尔司空见惯，习以为常。某年度干部综合考核结果：升迁27名，轮岗9名，整改4名，警示2名，降职3名，免职1名，整改，警示，降、免职的干部占总数的11%，年度干部调整的总数占干部总人数的51%。

一位教授曾问张瑞敏："对那些跟随你多年，跟随你打天下的人，怎么下得去手？是不是太残酷了？"

张瑞敏回答："第一，我是等距离原则，与所有的干部都是等距离的，没有亲疏之分，谁上谁下完全由制度说了算。在海尔，一个管理干部如果连续四五次排在末位，他不下台反而成了怪事。通常他自己就会要求下来，完全由制度说了算。第二，这样的用人机制看似严酷，实际上是最大的仁慈，否则，迁就了一个人，毁了整个海尔，你说哪个更残酷？"张瑞敏常说海尔像一辆在发展和改革的大道上疾驶的汽车，每到一个急转弯处，总会有人掉下来。

创业有创业英雄，守业有守业的好汉。无论是"英雄"，还是"好汉"都应该是那种会运用智慧工作的人，绝不是整天喊"没有功劳也有苦劳"的人。

身为员工，必须懂得"没有苦劳，只有功劳"是现代企业的生存法则。资历不是能力，不能靠资历吃饭，否则，职场之路将越走越窄。试想一下，如果在工作的每一个阶段总能找出更有效率、更经济的办事方法，你就能不断提升自己，就有可能被实际而长远地委以重任，成为企业不可或缺的人。

只有功劳没有苦劳

传统观念认为："没功劳有苦劳，没苦劳有疲劳。"这是一个涉及价值观的问题，多少年来一直被人们所认同。当员工不能按要求完成工作任务而不被肯定时，这句话就会变成员工潜意识的怨言。从传统观念上讲，这是天经地义的事情。

但现在是市场经济时代，市场只认效率，顾客只认功劳，消费者有选择你的权利，但没有选择你的义务。假如你的产品质量不好，不可能说：你的产品虽然质量不好，但也是通过你们员工千辛万苦制造出来的，我就将就地买吧。

海尔集团OEC管理法总结起来可以用五句话概括：总账不漏项、事事有人管、人人都有事、管事凭效率、管人凭考核。管事凭效率体现了只认功劳，不认苦劳，更不能认疲劳。可见在市场经济条件下，"没功劳有苦劳，没苦劳有疲劳"的观念是错误的。

承认苦劳具有严重的危害性，承认苦劳就是承认低效率，迁就了懒汉。海尔要求全体员工每天必须进步一点点。在行业竞争策略上要求一定要比对方快一步，如不能快一步快半步也行。员工每天必须有进步。只有承认功劳才会有进步，承认苦劳的后果只能是退步。

在海尔无"没有功劳也有苦劳"之说，"无功便是过"。海尔有一个定额淘汰制度，就是在一定的时间和范围内，必须有百分之几的人员被淘汰。这在某种意义上说是比较残酷的，但对企业长远发展还是有好处的。

"没功劳有苦劳，没苦劳有疲劳。"如果追求工作效果，这句话就应演变成"没有功劳就没有苦劳，没有苦劳更没有疲劳！"企业的各项工作必须追逐效果，没有效果的工作至少是对人力和时间的浪费，当然还可能有资金和其他的浪费。没有效果的苦劳，对于企业又有什么作用呢？

在没有功劳的时候，强调苦劳也是毫无意义的。苦劳只是一个循序渐进的过程，而功劳才是业绩的具体体现。衡量一个人的能力主要是看结果，以结果论成败，以结果论英雄。在市场经济条件下，文凭再高，工作再努力，如果没有业绩，一切都将是空谈。试想，一个公司的全体员工都非常勤奋，非常敬业，但最终企业产品销售不出去，无从赢利，企业将如何生存？所以说，再吃苦，再勤奋，苦劳再多，创造不了价值，业绩都等于零，更不用谈功劳之所在了。

有一个很简单的例子：在20世纪90年代中期，各类绘图软件开始深入建筑、家私、五金等行业。年轻人很快接受了这一新兴事物，并且能很快地运用到工作中，特别是在绘图计算方面，这类软件更具独特的优势。

有一位老工程师，手工绘图计算特别在行，并且习惯了手工绘制图纸，结果他废寝忘食没日没夜地用了一周才绘制出来的某建筑大厦的内部构造设计图，年轻人只花了半天的时间就利用绘图软件把它给绘制了出来。同样一份工作，同样一个结果，一个人用了一周，一个人才用了半天，相比之下，我们更看重哪一个呢？由此可见，苦劳固然重要，但功劳才是业绩与能力的最佳体现。

在当今社会，很多企业都是以绩论功，以功论酬。不在乎过程，只在乎结果。谁能为企业带来效益，谁就是英雄。

你的工资从哪里来？

"不重过程重结果，不重苦劳重功劳。"企业里最重视的是你的"功"，而不是你有多"苦"。

作为一名员工，你要追求的不是"苦劳"，而是"功劳"。不管黑猫白猫，只要抓到老鼠才是好猫，现在讲究的是以功劳论英雄。

4.向效率要业绩

两个同年龄、同学历的女生同在一家公司工作，可是小陈青云直上，而小黄总是低小陈一级。小黄很不满意老板不公平的待遇。

终于有一天，小黄到老板那儿发牢骚："老板，您交代我做的事，我都努力去完成。几乎每天，我都把做不完的工作带回家完成，即使牺牲睡眠的时间，我也在所不惜。我那么为公司卖力，为什么您总是提拔小陈不提拔我？"

"小黄，恕我直言。"老板开口说话了，"同样是朝九晚五，同样性质的工作，但是小陈能在下班以前就把工作完成。她能做到'今日事，今日毕'，你却只能做到'今日事，今夜毕'。我感激你的苦劳，但我更欣赏小陈的功劳！"

小黄哑口无言。她终于明白自己是输在效率上。

现在已经进入市场经济的新时代，那些光知道苦干、穷忙的人，越来越得不到认可。社会正越来越认可一种新的理念：做任何事情都要讲究效率和效益。

某公司的财务总监可以说是位工作狂，据她在例会上称，曾连续加班三昼夜。大家都在纳闷，如此一来，白天上班能有多少效率可言？事情的发展让人大跌眼镜，在该总监任职不到一年离职时，居然有半年的账未做。

有些人认为，工作时间越长，越能显示自己的勤奋。其实，工作效率和工作业绩是最重要的，整天忙忙碌碌但不出成果，并不是一个有效率的工作者。

在讲究效率和效果的现代社会中，苦劳是不等于功劳的，认真工作不等于业绩，效率才是第一位的。

有一个企业家在公司全体干部会议上说：多少干部兢兢业业，任劳任怨，但身心疲惫，部门工作只是流于应付日常事务或以"没有功劳还有苦劳；没有苦劳还有疲劳"自我安慰。但是当今社会，"莫斯科不相信眼泪"，市场经济只认功劳，不认苦劳和疲劳。没有效率和效益的苦劳和疲劳只是消耗了公司资源，影响了公司发展。

市场经济时代以效率为先，凭业绩说话；企业中员工不管多么辛苦忙碌，如果缺乏效率，没有业绩，那么一切辛苦皆是白费，一切付出均没有价值。

"拿业绩来说话"不仅是公司对员工的要求，更是市场对企业的要求，市场不关心你是否忙碌。如果员工取得的业绩微乎其微，给企业创造的利润少之又少，或者再不时地给公司造成损失，那么即使他整天在公司里忙得团团转，又有什么实际意义？

在我们这个时代，不缺的就是"忙人"：他们每天急急忙忙地上班，急急忙忙地说话，急急忙忙地做事，可到月底一盘算，却发现自己并没有做成几件像样的事情。他们往往以一个"忙"字作为自己努力的漂亮外衣，却没有想到，这种忙，只能是"穷忙"和"瞎忙"，没有给自己和企业带来任何效益。

如果你已身心疲惫，但却一无所获，那么，你可能不是工作不努力，而是没有掌握提高工作效率的正确方法。

下面的建议不是万能的"灵丹妙药"，但可以给你提高自己的工作效率提供一些有益的参考。

凡事分清轻重缓急

如果你想有效地管理时间和利用时间，在自己的职业生涯中创造辉煌，那么一个最行之有效的方法就是：培养自己根据工作的轻重缓急来组织和行事的习惯。

许多人都知道，确定一项工作是否立即去做的两个要素是紧急和重要。紧急的工作通常是显而易见的，它们给你造成压力，非要你立即采取行动不可。它们通常就在你面前，而且往往是容易完成的，工作起来是令人愉快的，但是，它们又经常是不重要的。

有效运用时间，提高工作效率的精髓在于：分清轻重缓急，设定优先顺序。

美国伯利恒钢铁公司总裁查理斯·施瓦伯向效率专家艾维·利请教"如何更好地执行计划"的方法。

艾维·利声称可以在10分钟内就给施瓦伯一样东西，这东西能把公司的业绩提高50%，然后他递给施瓦伯一张空白纸，说："请在这张纸上写下你明天要做的6件最重要的事。"

施瓦伯用了5分钟写完。艾维·利接着说："现在用数字标明每件事情对于你和你的公司的重要性次序。"

施瓦伯又花了5分钟。艾维·利说："好了，把这张纸放进口袋，明天早上第一件事是把纸条拿出来，做第一项最重要的。不要看其他的，只是第一项。着手办第一件事，直至完成为止。然后用同样的方法对待第二项、第三项……直到你下班为止。如果只做完第一件事，那不要紧，你总是在做最重要的事情。"

艾维·利最后说："每一天都要这样做——你刚才看见了，只用了 10 分钟时间——你对这种方法的价值深信不疑之后，叫你公司的人也这样干。这个试验你爱做多久就做多久，然后给我寄张支票来，你认为值多少就给我多少。"

一个月后，施瓦伯给艾维·利寄去了一张 2.5 万美元的支票，还有一封信。信上说，那是他一生中最有价值的一堂课。

5 年之后，这个当年不为人知的小钢铁厂一跃成为世界上最大的独立钢铁公司。人们普遍认为艾维·利提出的方法功不可没。

人们有个不按重要性顺序办事的倾向。多数人宁可做令人愉快的或是方便的事。但是没有其他办法比按重要性办事更能有效利用时间和提升效率了。

如果养成了根据工作的轻重缓急来组织和行事的习惯，你就能把工作逐一归类，合理地支配时间，做最该做的工作。按这个方法去做，你将不再为繁忙的工作所累，还能少花时间而把重要的事情迅速做好。

预先规划，制定工作进度表

相信笔记，不相信记忆，养成"凡事预则立"的习惯。如果你能制定一个高明的工作进度表，就一定能在限期之内拥有充分的时间，完成交付的工作，并且在尽到职责的同时，兼顾效率、经济与和谐。有期限才有紧迫感，也才能珍惜时间。设定期限，是时间管理的重要标志。

善于利用零碎时间

时间不可能集中，常常出现许多零碎时间。在你每天的工作时间中就有许多零碎的时间：一位重要客户还没来，于是你只能等待；去取一份重要的报表，因对方不能按约定时间交付，你只能等待；上司要约见你，因时间未到而等待……不要把这些短暂的时间白白浪费掉，你要养成一种利用零碎时间的习惯。

有一个保险公司的职员，他每天都开车外出推销保险业务，他非常小心地善用空档时间，即使在等红绿灯或塞车时，也会拿出客户的有关资料看一看，以加深印象。一位叫安妮的总裁助理也是如此，她在车里放了一把拆信刀，每次开车时都带着一叠信件，利用等红绿灯的时间看信。安妮说，反正 15% 都是垃圾信件，而且在她到达办公室前，信件已经筛选完毕，所以一到办公室她就把垃圾信件全丢掉。

林玉是一家顾问公司的业务经理，一年接下约 130 个案子，她有很多时间是在飞机上度过的。林玉相信和客户维持良好的关系是很重要的，所以她常常利用飞机上的时间写短信给他们。一次，一位同机的旅客在等候提取行李时与她攀谈起来：“我在飞机上注意到你，在 2 小时 48 分钟里，你一直在写短信，我敢说你的老板一定以你为荣。”林玉笑着说：“我只不过是在有效利用时间，不想让时间白白浪费掉而已。”

遇事不拖延

"拖"是人的通病，也是大病，因为它会拖掉你成功的机会。不要把拖延看成是一种无所谓的耽搁，有时候一个企业家会因为没能及时做出关键性的决定，错过了最佳时机而惨遭失败；一个病人延误了看病的时间，会给生命带来无法挽回的损失。拖拉这个坏习惯看似无碍大局，实则是个能够让你的抱负落空的恶棍。

在现代职场中，抱着"今天实在太苦太累太疲倦了，明天再来做吧"想法的人很多。殊不知，明天还有明天的工作，这样累积下来的工作就会越来越多了。

一些职场中的人有一个很不好的工作拖拉作风，本来可以随手处理的事，却拖得几天几周办不了；几天内可以办的事，却几个月不见处理；更有的人对需要解决的问题还有意识地"踢皮球"，你踢向我，我踢向你……这样导致了工作效率极其低下。

做事拖延的员工绝不是称职的员工。假如你应该打一个电话给客户，但由于拖延，你没有打这个电话。你的工作会因为没打这个电话而延误，你的公司也可能会因这个电话而蒙受损失。

拖延是一种恶习，唯一的解决方法是：立刻、马上、现在就去做！

优秀的员工，追求的是高质量的效率。做一个凡事讲方法的"忙人"吧，这样的忙，才会有效率、有价值！做一个凡事讲究结果和功劳的人吧，这样，才会为你赢得最快速度的发展，并得到公司最大的认可与回报。

你的工资从哪里来?

现在已经进入市场经济的新时代，那些光知道苦干、穷忙的人，越来越得不到认可。社会正越来越认可一种新的理念：做任何事情都要讲究效率和效益。

5.在业绩中创造价值

一个企业要想赢利，唯一途径就是为顾客创造价值。

企业如此，企业员工的价值也同样如此。无论是生产车间里的普通工人，还是活跃在市场第一线的销售人员，或者是一名总经理，他们都是凭借自己的价值来获得报酬的，而提供报酬的是他们的老板。因此，员工必须把目光多放在如何为老板创造价值、增加收益上。

当向老板提供价值并让其受益时，员工是在为公司和老板创造财富，同时也是在为自己创造财富。如果员工对自己的工作敷衍了事，对老板不负责，最终只会使自己一事无成、一无所得。

价格由老板决定，价值请自己创造

在公司工作，几乎都脱离不了薪酬问题，尤其到一个新的工作环境，虽然嘴上总是以遵照公司规定来回避这个问题，但是在心里，鲜有人不在乎薪酬的高低，何况是生活在一个以收入衡量能力的社会中。

《工商时报》经营知识版上有一篇《价格由老板决定，价值请自己创造》的文章：

一家公司应聘业务人员，其中有一个人资历显赫，对于公司来说，有点小庙容不了大和尚的感觉，因此公司对他，没有抱太大的希望。

面谈的时候，公司老总很诚实地跟他说，依据公司规定，并不能给予太高的薪酬。原本想就此打住，不要浪费彼此的时间，没想到他竟然接受了不到他原来工作薪酬一半的条件，这让公司喜出望外。

上班之后，他也没有表现出不好的工作习惯，准时上班，报表填写清楚，勤跑客户。过了不久，他的业绩远远超乎岗位的预期，于是在最短的时间内，被破格晋升，而且大幅度地加薪。自此，他也更加地卖力，为公司创造了更多的业绩。

原来他在前一个公司已做到一级主管的职位，工作相当顺手，对薪酬也十分满意，原以为可以就此衣食无忧地过一生，没想到公司的一次海外投资失败，老板避走国外，让员工连带受累，哭诉无门。

其间，他也曾经因为应聘公司的薪酬无法与自己所要求的相符而怨天尤人，总认为自己是怀才不遇，但在经历一段时间的挫折与沉淀之后，他选择重新出发，重新体会到价值与价格的差异点。

他认为，价格是别人给的，随时可以拿走；价值却是自己创造的，任谁也无法带走。

这种想法让他受益匪浅，他也用实际行动创造了自己的价值。虽然公司只能付出部分的价格来雇用他，不过这已是公司能给的最高限度，而他所带给公司的价值，绝对是金钱无法衡量的。

一个人的价值是靠自己创造的。一名员工能否创造价值，创造多少价值，老板其实心中是有数的。一名员工不要动不动就叫老板给你高薪，而是要在工作中让老板看到你的价值，主动给你加薪。

多给老板创造价值

有一个员工，每当老总分配给他任务的时候，他经常会半开玩笑地说：给多少钱干多少活！这话让老板听了很不舒服。

如果你是老板，听了这话可能也会感到挺不舒服的。这种很怕多付出一点点的思想没人会赞同，多付出一点点就吃亏了吗？老板既然雇你，自然会付你报酬。不用说，他付给你的价钱肯定要比你创造的价值少些，这是很正常的，他也需要一部分资金用于自己的生活和公司的其他方面，不然大家都别开公司了！

在 21 世纪，仅仅"物有所值"是不够的，你一定要"物超所值"。什么叫"物超所值"？就是你所做的工作超过老板付给你的金钱。

松下幸之助曾问他公司的一个员工："如果公司付给你 1000 元钱的话，你应该做多少事情才对？"

这个员工回答说："你给我 1000 元，我就给你做 1000 元的事。"

松下说："如果真是这样的话，公司是要开除你的，因为给你 1000 元钱，你就做 1000 元的事，公司就没有利润，是在赔钱，所以公司不会要你，你自然一分钱的薪酬也领不到。"

所以，你要经常问自己："怎样才能把自己的工作价值提高 10 倍？"如果你经常这么想，加薪不是很困难的事。如果希望老板给你加薪 300 元钱，你要先问自己有没有做 3000 元钱的事？只要你做到 3000 元，老板给你加300 元是非常容易的事。假如只做 200 元钱的事，你有什么理由要求老板为你加薪？假如你不愿意多做一点，老板感觉不到你有 3000 元的价值，那为什么要用你？假如你现在只赚 500 元，希望老板给你加薪到 1000 元，而你不先做 10000 元钱的事，他为什么给你加薪？

所以，作为一名员工就一定要想办法多给公司创造价值或者提高自己创造价值的能力。要相信，你有能力给公司创造更多的价值的时候，老板也就会相应地付给你更多的回报！

1901 年，美国历史上出现了第一个年薪百万美元的高级打工仔——查理斯·施瓦伯。

施瓦伯出生在美国乡村，只受过短期的学校教育。15 岁那年，他就到一个山村做了马夫。3 年后，他来到钢铁大王卡内基所属的一个建筑工地打工。一踏进建筑工地，施瓦伯就抱定了要做同事中最优秀的人的决心。当其他人在抱怨工作辛苦、因薪水低而怠工的时候，施瓦伯却默默地积累着工作经验，并自学建筑知识。

某年夏天的一个晚上，施瓦伯又像往常一样躲在角落里看书，正好被到工地检查工作的公司经理发现。经理看了看施瓦伯手中的书，又翻开了他的笔记本，什么也没说就走了。第二天，公司经理把施瓦伯叫到办公室，问："你学那些东西干什么？"施瓦伯说："我想我们公司并不缺少普通员工，缺少的是既有工作经验又有专业知识的技术人员或管理者，对吗？"经理点了点头。

尽管受到一些人的讽刺挖苦，但施瓦伯认为："我不光是在为老板打工，更不是单纯为了赚钱，我是在为自己的梦想打工，为自己的远大前途打工。我们只能在业绩中提升自己。我要使自己工作所产生的价值，远远超过所得的薪酬，只有这样我才能得到重用，才能获得机遇！"

不久，施瓦伯就升任技师。后来，施瓦伯一步步升到了总工程师的职位上。25 岁时，施瓦伯成为了这家建筑公司的总经理。39 岁时，施瓦伯成为了美国钢铁公司的总经理，年薪 100 万美元。而当时，一个人如果一周能挣到 50 美元，就已经非常不错了。

施瓦伯之所以能从一个普通的打工者，成长为年薪百万美元的成功者，是因为他始终抱着这样的信念："我们只能在业绩中提升自己。我要使自己工作所产生的价值，远远超过所得的薪酬，只有这样我才能得到重用，才能获得机遇！"

轻松而报酬优厚的工作，已不复存在。能在业绩中创造更多价值的人，得到的报酬往往也最多。

你的工资从哪里来？

无论是生产车间里的普通工人，还是活跃在市场第一线的销售人员，或者是一名总经理，他们都是凭借自己的价值来获得报酬的。能在业绩中创造更多价值的人，得到的报酬往往也最多。

*6.*靠知识、凭能力获取高额薪酬

随着用人机制的不断完善和成熟，用人单位对人才的评价也日趋理性，即更注重个人的实际能力。人们认识到，充其量文凭只不过是说明一个人曾经受过的教育程度而已，并不能直接反映出一个人的真实能力。

有关人士指出，踏上工作岗位后，个人表现出的综合能力才是企业最看重的，这也是决定其收入高低的重要因素。不管是应届大学毕业生还是已有多年工作经验的老员工，只有能力才是决定薪酬的唯一标准。

要善于把知识转化为能力

能力是一个人的体能、技能和智能的高度统一。从人才学的角度讲，知识、能力、业绩，是构成人才的三要素。三要素之中，能力是本质的要素；知识只有转化为能力，才能发挥效能；业绩，则是能力发挥作用的结果。

尽管我们的员工都已懂得了知识的重要性，然而却有许多人没有学会学习，没有将学到的知识转化为解决实际问题的能力。

某企业竞聘工人技师，一名员工经过一番紧张的准备工作后，成竹在胸，1000多道理论题背得滚瓜烂熟。在理论考试中，他以98分的成绩高

居榜首。然而，在现场操作考核中，由于他没能在规定的时间内排除"故障"，操作考核只得了 60 多分。最终，他与技师岗位擦肩而过。事后，他沮丧地说："我理论考试分数最高，现场排除故障题操作要领也背得很熟，但是在规定的时间内故障就是排除不了。看来我是没有学到点子上。"

负责考核的人在解释他最终落选的原因时说："因为我们选的是能工巧匠，因此，要看综合能力，有无绝技、绝活和解决现场实际问题的能力至关重要。"

大侦探福尔摩斯曾说过这样一段话："我的知识就像我酒柜里的酒，虽然不多，也不名贵，但我知道它在哪儿，用时就能拿出来。而不像有的人，虽然酒柜很大，酒很多，但杂乱无章，用时不知拿什么。"

这实际说明一个道理：拥有知识不等于拥有能力。福尔摩斯虽然知识不那么渊博，学问也没有多么高深，但他善于把知识转化为能力，善于动脑子，善于推理、联想，因而侦破了许多悬而未决的案子。而有的人学富五车，但他掌握的永远是书本上的知识，在实践中却不知如何运用。这样，知识再多又有何用？

对企业而言，企业人力资源管理的根本目的，就是培养和造就能够把知识、技能有效转化为生产力、转化为利润的"能人"。对员工而言，最大限度地发挥自身的创造力和智力，把自己塑造成"有能力的人"，应该是一种职业追求。可一段时间以来，社会上重文凭轻能力的倾向导致了企业里出现了一些员工无论岗位是否需要、一味追求高文凭的现象。结果是文凭到手，成长却未兑现。其问题症结就是没有摆正知识与能力的关系。

21 世纪是一个以知识、智力和创新能力为基础的知识经济时代，知识变成能力才有用，能力作用于知识才有力量。人们只有依靠能力才能实现自身的价值。

把能力转化为业绩最重要

"发达国家，当然包括著名跨国公司，对人才标准的界定早已走出了'唯学历''唯学位'的误区，而主要强调'两个导向'。"上海公共行政与人力资源研究所所长、著名人才问题专家沈荣华分析说，"一是能力导向。虽然要考虑人才的学历和职称，但更突出其综合能力和专业水平，从而真正做到唯才是用。因为一个人的综合素质，是很难用学历体现出来的。如果一个名牌大学毕业生 5 年做不出成绩，就很难讲他就是一个有用之才。二是业绩导向。在竞争环境中，业绩是至关重要的，因为只有业绩才能把一个人同其他竞争者区别开来。在进行人才评价时，不能仅看文凭和其毕业的大学，而要看他给社会做了哪些贡献，有何业绩。"

聂灵是一所普通大学的学生，学的是计算机专业。大三那一年，在父亲朋友的帮助下进入一个大城市的一家科研机构实习。刚去的时候他干坐着，领导看他有点可怜，就扔给他一个东西，说："3 个月内完成就行了，到时给你个实习鉴定。"

3 天里，他几乎住在单位，然后——完成了它。

第 4 天上午，领导吓了一跳。对他刮目相看了。又给他几个任务，并且规定完成任务的时间很少，而他居然都提前完成了。

实习结束，领导没多说什么，但不久，便到他的学校要人，点名要聂灵。

这令科研机构的上级部门很奇怪：我这有好几个本科生以及研究生，你都不要，要一个普通大学的学生，你不是开玩笑吧。

"不开玩笑，他有能力，能做成事。"那位领导说。

后来，有一次上级部门临时借调聂灵去某个部门帮忙，结果是：这个部门以前的报表都是最后交，并且还经常返工；但这一次，这个部门的报表是第一个送上去的，还成为少数几个一次通过的部门。上面点名要他，下面不愿意放，但硬是调走了。

明基逐鹿是明基集团旗下唯一一家从事 IT 应用解决方案以及咨询服务的软件公司，倡导能力导向。要把能力转化为业绩，明基逐鹿提出了两个口号："先提升自己的能力，再提升对组织的贡献，财富自然到来。"在薪酬结构上，明基逐鹿推行全员年薪制，以透明公开的原则让每个人都充分了解自己怎样发挥能力才能做好业绩。

现在，很多岗位看重的是结果，业绩决定一切。因此，把能力转化为业绩最重要。

能力决定薪酬

所谓"实力"是指有才华、有能力，在工作中表现出色，能够取得突出成绩。

美国福特汽车公司早期有一台大功率电机发生了故障，请来许多工程师和专家会诊，仍然没有找出电机故障的原因。在无人能解决问题的情况下，请来了德国的电机专家斯坦因门茨，他到现场看了看，听了听电机运行的声音后就在机器上用粉笔画了一条线说："把画线地方里面的线圈减去16圈。"就这样，这台大功率电机很快便恢复了正常运转。

公司经理问道："修理费需要多少？"

斯坦因门茨答道："1万美元。"

这在当时是个不小的数目。经理特意叫人拿来修理费用登记表说："请把修理的材料费用详细填在表上。"

斯坦因门茨随即提笔写道："用粉笔画一条线1美元，知道在哪里画线9999美元。"

公司照付了，并且重金聘用了他。

为什么画线，在哪里画线，这就是知识；凭运行声音就能判定故障原因，这是技术。为了掌握这个知识技术是要付出许多艰苦脑力劳动的，这9999美元便是斯坦因门茨运用其掌握的知识技能所创造的价值回报。

职场是唯能力者为英雄的战场，必须靠知识、凭能力来立足。

菁菁所在的公关部原定只有7人，注定有一人迟早被裁，加上部门经理位置一直空缺，如此便导致了内部斗争日益升级，最后发展到有人挖空心思地抢夺别人客户资源的程度。

菁菁不喜欢这样的氛围，她只知道老老实实做事，甘当人人背后称道的无名英雄。她始终默默无闻，只管付出不问收获，是出了名的逆来顺受之人，当然也是被裁掉的最好人选。尽管论学历，论工作态度，论能力和口碑都不错，但她一直没有好好地在老总面前表现自己，老总也一直以为她没有什么能耐。

接到人事部提前一个月下达的辞退通知之后，菁菁好像当头挨了一记闷棍一般，半天没回过神来。她怎么也没想到，自己两年多的努力不仅没有得到承认与尊重，得到的竟然是被裁掉的待遇，她实在有点不甘心。

有一天，一个和公司即将签约的大客户提出要到公司来看看后再签约，一旦和这位大客户签下长期供货合同，至少半年内全公司的上上下下就可以衣食无忧了。这是一家大型合资企业，同来参观的人中有几个是日本人，并且还是这次签约的决策人物，这是公司没有想到的。见面时，因双方语言沟通困难，场面显得有些尴尬，就在公司老总感到为难之际，菁菁不失时机地用熟练的日语同日本客人交谈起来，给老总救了场。菁菁陪同客人参观，相谈甚欢，她凭借自己良好的表达能力和沟通能力，丰富的谈判技巧和对业务的深入了解，终于帮助公司顺利地签下了这笔大单。

菁菁随机应变的表现能力，以及熟练的日语会话能力，让老总对她大加赞赏。她在老总心目中的分量也悄悄发生了变化。一个月后，菁菁不仅没有被辞退，还暂时代任公关部经理。

一个企业的发展是靠员工的工作来支撑的，因此，员工的工作能力与工作表现才是在一个企业的安身立命之本。做销售的销售能力强，就能卖出更多的产品；做人力资源的能慧眼识千里马，并能协调公司员工之间的关系，就能招聘与维系优质的人才；做技术开发的头脑聪明，肯钻研，就能开发出更先进的技术……说到底，工作还是凭本事、靠实力的，靠人缘、关系也许能风光一时，但也是脆弱的，经不起考验的。

在今天这个竞争无比激烈的时代，比拼的除了能力还是能力。每个人都得靠能力来说话，靠能力来证明。能力，把人的差异越拉越大。同班的大学生，刚一出校门，就分出了差异：有的只找到每月 3000 元、4000 元的工作；有的则被人用每月 10000 元、20000 元的薪酬聘用。这还仅仅是个开始。

才能体现价值，人与人的本质差别，就是高能者与低能者的差别。一方面，不少人四处碰壁也难找到一个饭碗；一方面，职业经理、高级人才，被盼得望眼欲穿，虚位以待。"猎头公司""能人银行"等行当也因为社会对人才的渴求而悄然兴起，日趋走红。年薪几十万元、几百万元的岗位，在今天已经不是什么新鲜事了。一个月几千元，一个月几万元，差距就有如此之大。而这种差距，正是人的能力所决定的！

能力已经成为商品。人们挣的不再是资历薪、学历薪，而是能力薪！

你的工资从哪里来？

不管是应届大学生还是已有多年工作经验的老员工，只有能力才是决定薪酬的唯一标准。在今天这个竞争无比激烈的时代，比拼的除了能力还是能力，能力已经成为商品。人们挣的不再是资历薪、学历薪，而是能力薪！

第三章
你的工资从职业精神中来

*1.*工作态度决定你的收入

一个村里出来打工的 3 个人，同时在一个建筑工地干活。小李每天按部就班地和着灰沙，回到工棚，倒头便睡；小王每天干完手里的活儿，一有空就去看师傅们砌砖，慢慢地也拿起了瓦刀，当上了二手师傅；小张注视着每一道工序，经常在干活之余，到各个工序打听、了解各种工序的情况，了解管理的方法、材料的价格。

3 年后，小李还是在建筑工地和灰拉沙，一脸疲惫；小王当上了工地师傅，而且成了包工头；小张坐着汽车，在各个工地忙碌，他成了建筑开发商。同样一个村子出来的，同样在一个工地打工，3 个人的命运却差距巨大。这不是因为谁的条件好，也不是谁比谁聪明多少，关键是每个人对待生活和工作的态度。

积极主动与消极被动，这两者之间会有天壤之别，其关键在于对待生活和工作的态度上。我们每个人工作的目的和成果都是不一样的，存在差距的一个主要原因就是态度。良好的工作态度，是我们走向成功的一个前提。决定一个人工资收入的最重要因素，不仅是知识和技能本身，而是生活与工作的态度。

端正工作态度

前国足主教练米卢说：态度决定一切。态度就是竞争力，在单位里，员工与员工之间在竞争智慧和能力的同时，更在竞争态度。一个人能否脱颖而出，固然需要他的能力超越众人，更需要他的态度比别人更积极。不能说具有了某种态度就一定能成功，但是成功的人都有着一些相同的态度。那些被解雇或者始终得不到提升的人，往往不是因为他们的能力不够，而是他们的态度不够端正。在风云变化的职场上，思维活跃、能力超强的新人或者经验丰富的业内资深人士不断地涌进我们所在的单位或行业，我们每天都在与几百万人竞争，懒散地对待工作，只会导致竞争力减弱，最终被市场淘汰。

看看我们的周围，会发现我们中间的很多同事都是这样：只有在形势所迫时才去工作，对于自己身上的潜力无动于衷，遇到事情总是敷衍塞责，宁愿待在原地也不肯花点心思向上攀登。他们满足于混日子，敷衍了事，浑水摸鱼，过一天算一天，日复一日年复一年，却不知道这是在浪费自己宝贵的青春和大好前程，甚至是生命。

这种负面消极的工作态度会让心情越来越糟糕，工作越来越被动，收入越来越微薄，严重影响我们的工作、生活，甚至是健康。我们整天生活在负面情绪当中，完全享受不到工作的乐趣，而且还会将消极情绪在不知不觉中传染给周围更多的人。

端正工作态度，要求我们合理定位，把心沉下来，兢兢业业做好本职工作。无论工作水平高低，都要以爱岗敬业为前提，干一行，爱一行，全身心投入工作，这样才能安于工作，有所作为。

米勒很不满意自己的工作，他愤愤地对朋友说："我的老板一点不把我放在眼里，改天我要对他拍桌子，然后辞职不干。"

朋友问他："你对公司贸易情况熟悉吗？对他们做国际贸易的窍门完全搞懂了吗？"

米勒漫不经心地回答他的朋友："没有。我懒得去钻研那些东西。"

朋友说："我建议你先静下心来，抱着积极的态度，认认真真地对待自己的工作，好好地把他们的贸易技巧、商业文书和公司业务完全搞懂，甚至包括签订合同，都弄懂以后再作决定，这样，你可能会有更多的收获。"

米勒听了朋友的建议，一改往日散漫的习惯，开始积极地投入到工作中，甚至下班之后，还留在办公室研究撰写商业文书的方法。

半年之后，那位朋友偶然遇到米勒，问道："你现在大概多半都学会了吧，还准备拍桌子不干了吗？"

"可是我发现近半年来，老板对我刮目相看，最近更是不断加薪，并委以重任，我已经成为公司的红人了！"

"这是我早就料到的！"他的朋友笑着说，"当初你的老板不重视你，是因为你在工作中自由散漫，敷衍了事，能力不足，却又不努力学习。现在，你的工作态度这么积极，担当的任务多了，能力也加强了，当然会令他刮目相看了。"

一位伟人曾说过："你的心态就是你真正的主人。"你的态度如何，在一定程度上已决定你是失败还是成功。要改变现状，克服困难，首先要做的就是端正态度。没有正确的态度，一切都无从谈起。

工作态度决定工作成败

　　新希望集团总裁刘永行到韩国考察，在一家面粉加工厂他听到了这样一个数字：这家工厂每天加工小麦 1500 吨，只需要 66 个工人。而在国内，同样规模的面粉厂日生产能力只有几百吨，刘永行自己的日处理能力 250 吨的工厂，其效率相对高于国内同行业标准，却也有七八十名员工，日生产能力仅有韩国工厂的 1/6。

　　后来，刘永行通过深入调查了解到，这家企业曾经在内蒙古投资办过厂，当时的日处理能力是 250 吨，员工人数却高达 155 人，而且当时的设备比现在的韩国工厂的设备要先进。同样的投资人，同样的管理，设在中国的工厂与韩国本土工厂的生产效率居然相差 10 倍。其主要原因是什么呢？是中国人对待工作的态度。韩国人做事总是手脚不停，无论是工人还是管理人员，比如说某个人觉得自己岗位上的工作比较空闲，他就会主动做其他一些事情。而中国大部分企业的员工，还存在把自己的事情做得差不多了就够了的想法。

　　为什么生产效率会有 10 倍之差？刘永行由此还想到，这不是简单的相加的问题，不是说一个韩国人的效率是一个中国人的 1.2 倍，10 个韩国人的效率就相当于 12 个中国人的效率，而应该是乘方的关系，10 个韩国人的工作效率，就等于 1.2 的 10 次方倍。刘永行认为，韩国人比中国人收入高好几倍，值。

　　态度是无形的，却比什么都重要。企业的态度决定企业的成败，员工的态度决定员工个人生涯的成败。

每个人都有不同的职业轨迹。有些人成为单位的骨干，受到领导的器重；有些人一直碌碌无为，不被人知晓；有些人牢骚满腹，总认为自己与众不同，而到头来仍一无是处……凡此种种，除了少数有某些天赋的人之外，大多数人的禀赋相差无几。那么是什么在造就我们，改变我们？是态度！是认认真真的工作态度，是求精、求专、求博、用心去工作的态度！态度是内心的一种潜在意志，是个人的能力、意愿、想法、价值观等在工作中所体现出来的外在表现。

一个人的态度直接决定了他的行为，决定了他对待工作是尽力尽心，还是敷衍了事，是安于现状还是积极进取。态度越积极，决心越大，对工作投入的心血就越多，从工作中所获得的回报也就相应地更为丰厚。尤其在一些技术含量不是很高的职位上，大多数人都可以胜任，能为自己的工作表现增加砝码的也就只有态度了。这时，态度就是你区别于其他人，使自己变得重要的一种能力。不管你所工作的机构有多么庞大，也不管它有多么复杂，每个人在这个机构中都能有作所为，而卓越的工作表现，都需要积极的工作态度。

你的工资从哪里来？

一个人的态度直接决定了他的行为，决定了他对待工作是尽力尽心，还是敷衍了事，是安于现状还是积极进取。态度越积极，决心越大，对工作投入的心血就越多，从工作中所获得的回报也就相应地更为丰厚。

2. 善于捕捉对自己工作有用的信息

曾经看过这样一则寓言：

3 只不同的动物被一个人关进了 3 个不同的笼子。人对动物说："我可以满足你们每个动物一个愿望，请说吧。"

浪漫的熊猫说："我要一个美丽的雌熊猫。"

贪吃的猴子说："我要很多很多的核桃。"

勤奋的鸽子说："给我一大叠信纸和一支笔吧。"

3 年以后，人决定放它们出来。

第一个冲出来的是猴子，它抱着一大堆核桃，大喊道："给我砸开！给我砸开！"原来干硬的核桃壳使它无法享受到美味。

接着出来的是熊猫，只见它怀里抱着一个小熊猫，雌熊猫拉着一个小熊猫，还有一个小熊猫跟在身后。

最后出来的是鸽子，它紧紧握住人的手说："这 3 年来我每天与外界联系，通过往来信件，获得了我需要的信息，由于我有效地运用了这些信息，我的生意不但没有停顿，反而增长了 4 倍。"

这则寓言告诉我们，选择接触最新的信息，了解最新的发展趋势，把握和善于运用信息，可以更好地创造自己的未来。

生存在这个变化多端的信息时代，一个人能否取得成功，往往取决于他搜集信息和运用信息的能力。因为现在的工作，很多都是需要信息来辅助的，没有信息就很难完成工作。比如在订立计划或说服上司的时候，你需要掌握市场现实状况、市场趋势分析、公司内部的需求等多种信息，才能够了解全盘情况，做深入的探讨。而这些都必须靠不断地获取信息来实现。

在现代职场上，能否准确把握信息和处理信息，能否有效地运用信息，是决定一名员工能否取得成功的重要因素。

学会捕捉有用的信息

信息社会中，每一个人都在扮演着两个基本角色，即信息的传递者和信息的接受者。信息就像人们讲"吃过了吗""吃过了"的寒暄话一样自然而平常。但在这种"自然而平常"之中，却有着许多的道理和学问，关键是看你能否捕捉和善用信息。

职场中总有些人不去自动自发地搜集信息，而只是坐在那里等着信息传达到他们手上，持这种守株待兔的态度，当然不可能收集到有价值的信息。

要学会捕捉有用的信息，就应该注意收集、发现和开发信息。

（1）留心观察，挖掘到自己要寻找的信息。信息就像空气一样，无处不有又无处不在。在实际中，不是缺少信息，而是缺少发现信息的眼睛。任何时候，我们都必须利用自己敏感的神经，不放过每一个可能有用的信息，哪怕是一点一滴的事，比如一次交谈，只要留心观察，都有可能挖掘到自己所要寻找的信息。

在圣诞节前夕，美国曼尔登公司的一位业务员从芝加哥去旧金山进行市场调查。在火车上，一位身穿圣诞礼服的女郎格外惹人注目，同车的少女甚至中年妇女都目不转睛地看着她穿的那件礼服，有的妇女还特地走过去向她打听这件礼服是从哪里买到的。

这位业务员看在眼里，灵机一动，觉得有一笔生意可做了。当时已是12月18日，离圣诞节仅有一周时间，圣诞节礼服在这段时间一定是热门货，于是他非常礼貌地向那位女郎提出拍照片留念的请求，那位女郎欣然应允。拍完照片后，那位业务员便中途下车，向公司发出传真电报，要求公司务必在12月23日前向市场推出1万套这种服装。

12月22日下午2点，1万套"圣诞节金装女郎礼服"同时出现在曼尔登公司的几个铺面，立即引起妇女们的兴趣，她们争先恐后地购买，到12月25日下午4点，1万套"圣诞节金装女郎礼服"除留下2套作为公司保存的样品，1套送给火车上那位女郎外，全部销售一空，公司纯赚了100万美元。

绝不要放过任何一个可以利用的信息。哪怕这个信息是一个影子，也要牢牢地抓住不放。"圣诞节金装女郎礼服"成功的经验说明，善于观察日常生活，捕捉市场信息，就能把握住赚钱的机会。

（2）培养对事物的敏感度。成功的人，对任何事都抱有好奇心，在搜集信息时，能对事物保持一定的敏感度，这样就能捕捉到对自己相当有用的信息。

1875 年的一天，美国一家肉类加工公司的执行经理默夫像往常一样，坐在办公室翻阅当天的各种报纸，突然，一条不足百字的短消息吸引了他——墨西哥最近发现了可能是瘟疫的病例。

精明的默夫马上意识到，这是一条对自己公司非常有用的信息。他想，墨西哥如果真的发生了瘟疫，一定会从边境蔓延到美国的加州或德州来，而这两个州正是美国肉类供应基地，一旦发生瘟疫，整个美国的肉类供应将会货源紧缺，势必引起肉价飞涨。

想到这一切后，默夫当即决定派人立即奔赴墨西哥实地调查和了解情况。几天后，他的考察组从墨西哥发回电报，证实了疫情蔓延得广而快，已经无法控制了。

默夫根据这个情况，立即给董事会写了一封紧急建议，并着手制订了一份计划：立即集中和筹措大量资金收购加州及德州的肉牛和生猪，并迅速运到远离这两个州的东部地区。

董事长同意了默夫的建议，并按照他的计划开始行动。两周后，瘟疫便从墨西哥蔓延到美国西部，美国政府紧急命令，严禁从墨西哥进口一切食用品，当然也包括肉类品。

于是，美国国内市场肉类品奇缺，肉价暴涨。默夫所在的公司抓住机会，及时将事先囤积在东部的肉牛和生猪高价出售。结果，在短短的几个月时间里，公司净赚了 900 万美元（当时的 900 万美元比现在的 1 亿美元还值钱）。一条信息换来了巨大的财富，而默夫也因为及时捕捉到了这一信息，被公司奖励了 50 万美元。

（3）主动向别人探询信息。信息也可以通过交流得来。主动探询、主动交流，就能够不费吹灰之力得到珍贵的信息。

日本一家公司计划研制一种供应美国市场的重型机车。于是公司派出一批设计师到美国调查搜集信息，他们与司机交朋友，一起开车、聊天、喝酒，了解他们的生活方式、处世哲学等情况，掌握他们种种特殊的消费需求信息，并了解此类车的环境信息。然后，根据搜集到的大量信息进行设计研究，终于生产出一种完全符合美国人"口味"的重型机车，投放到美国市场后，成为供不应求的产品。

（4）建立自己的信息网络。你必须知道从谁，从什么地方可以得到信息，对于得到的信息要找谁证实。你要善用信息渠道，通过与同行业中有经验的前辈交流、参加社团活动、社交媒体等都可以扩展自己的信息网络。

凡是同学、朋友、同事以及他们认识的人，都可以成为你的信息来源。只要你平时注意与他们交往，能把这些人融入你的信息网络中，这就是一笔可观的无形信息资产。

要建立自己的信息网络，就不能把范畴局限于公司内部，其他团体也会举办各种讲习会或研讨会，你最好争取参加的机会，吸收一些自己欠缺的信息，这些信息说不定对你很有帮助。或许还会认识一些同行，扩大自己的信息网络。因为在公司与同事交往久了，收获有限，如果能和外面的同行结识，不但可以接触到与自己工作完全不同的事物，更能广增自己的信息量，充实自己的社交网络。

有效运用信息

无论是什么信息，也不管它有多大的价值，如果不能消化吸收，加以有效运用，那永远只能算是一堆废物，对于你的成功将毫无帮助。

管理学家柯维指出："如果我们不注重在信息的汪洋大海中增长获取对自己有用的信息的能力，我们就会淹没在信息的汪洋之中，这样一来，信息对于我们来说不是财富，而是灾难。"

所以，要使信息发挥效力，就得充分地整合信息，正确地分析模糊信息，然后加以有效运用，订立计划，切实行动，这样才不会出现"吃撑了胀气"或者"吃坏了拉肚子"的情况。

W君是香港著名的爱国实业家，有一天，他从公司业务员那里获悉了一条引人注目而又模糊不清的信息：有一批二手汽车出售。公司业务员立即对这一信息跟踪追击，顺藤摸瓜。几天之后，W君收到这一信息的详细报告："在南美智利，一家铜矿最近倒闭。矿主现有'道奇''奔驰'各种类型大吨位载重车、翻斗车共计1500辆，全部是新车。为了偿还债务，矿主决定将这批车折价拍卖。"1500辆折价拍卖的名牌新车，这可是一笔极富诱惑力的财产，谁的速度快、力量强，谁就能得到它。

W君立即决定发动一场闪电战，大胆赋予执行这一任务的业务员拥有"将在外，君命有所不受"的临时处置权力，即把拍卖成交的大权交给赴现场验货的采购小组。W君对采购人员的唯一指示是："只要质量好、价钱便宜，你们说了算！"经过一番紧张的议价磋商，谈判协议顺利达成：1500辆7吨以上、30吨以下的载重汽车，由智利铜矿主以原价38%的低价全部卖给W君公司。仅此一项，W君的公司就赚取了2500万美元。

不管信息的内容是否清晰，信息是有价值的，而更可贵的则是及时抓住信息的人。在商业活动中，不是所有的信息都能直接使用，信息的真正价值，往往在于信息持有者不懈地挖掘和追踪。

世界上，成功的人都是注意猎取各种信息和准确应用信息的人。如李嘉诚，他通过看报掌握信息的手段更高明。他手下的信息情报部门有许多文化水平高、经营学问深的人员。他们的工作职责是每天把香港的几十份报纸和美国、英国、日本等世界几十份主要报纸看完，然后，将每份报纸的重要情报浓缩，再进行分类，对于新奇的消息和有前途的信息做出评价，最后集中送到李嘉诚办公室来。李嘉诚每天首先看阅的就是这些报刊摘选。当他对哪方面情况感兴趣时，即传有关选摘人员把原篇报道送来细看，或与他们共同研究这些信息。这样，使得他在业务经营中决策准确，财源广进。

职场上成功的关键，就是你能够比别人先知道一些别人还不知道的信息，然后，做出一些别人还做不了的决定，这样，你就可以为老板提供第一手资料，也就更容易引起老板的重视。

美国前总统卡特说："对于我们，信息就像阳光和氧气，它点燃了创造智慧的火花，它照亮了通向未来的道路。"

在现代职场，不善于利用信息，光靠拍脑袋、拍胸脯，干了再说的做法是不行的。没有树立起信息观念，要想在职场上有所作为几乎是不可能的。所以，我们要善于捕捉各类有用的信息，并准确判断，正确分析，有效地利用取得的信息。这样，才能成为驾驭信息的高手，才能让信息成为自己成功的法宝。

你的工资从哪里来？

生存在这个变化多端的信息时代，一个人能否取得成功，往往取决于他搜集信息和运用信息的能力。因为现在的工作，很多都是需要信息来辅助的，没有信息就很难完成工作。

3. 比别人多做一点点

一个成功的推销员用一句话总结了他的经验："你想要比别人优秀，就必须坚持每天比别人多访问 5 个客户。""比别人多做一点点"，这几乎是事业成功者不同于平庸者的秘诀。

著名投资专家约翰·坦普尔通过大量的观察研究，得出了一条重要的定律："多一盎司定律。"他指出，取得突出成就的人与取得中等成就的人几乎做了同样多的工作，他们所做出的努力差别很小，只是"多一盎司"。一盎司只相当于 1/16 磅，但是，这微不足道的一点点区别，却会让你的工作成效大不一样。

有时候，成功只是因为你比别人多做了一点点。同是做一项工作，你稍微比别人多想了一点，多出了点力，多费了点心思搜集了几个市场数据，或者认真思考了一会儿得到了一个新的创意，抑或是多加了点班搞出了内容翔实的计划书……天长日久，上司和老板知道了、看到了，他们会欣赏你、肯定你，有机会的时候，他们一定会先想到你。

"每天多做一点点"的初衷也许并非为了获得报酬，但往往能获得更多。

多做一点与少做一点之间的差距

多做一点，少做一点，日积月累，不同的选择便会显示出巨大的不同结果。

在小学数学中，1.01 和 0.99 之间的差距是微乎其微的，几乎可以忽略不计。但如果以 1 作为人生处世的及格标准，这两者的差距便是巨大的。

假如用 1 作为标准，也就是说，你的工作达到了 1，就是合格的。每天的工作都达到 1，你永远都是合格的，不管多少个 1 连乘，结果永远都是 1。

有一组算式：

$1.01 \times 1.01 = 1.0201$

$1.01 \times 1.01 \times 1.01 = 1.030301$

$1.01 \times 1.01 \times 1.01 \times 1.01 = 1.04060401$

……

如此乘下去结果是越乘越大，无数个 1.01 相乘，就会接近于无限大。1.01 连乘 69 次，结果就大于 2。也就是说，增大了一倍。

假如你每天的工作是 1.01，也就是说，比合格稍微好出一点点，似乎看不出来有什么收益，也许还会抱怨自己比别人多做了事情，吃亏了。其实不然，69 天以后，你就不是你了！你就比以前的你成长了一倍，变成了 2！

另有一组算式：

$$0.99 \times 0.99 = 0.9801$$

$$0.99 \times 0.99 \times 0.99 = 0.970299$$

$$0.99 \times 0.99 \times 0.99 \times 0.99 = 0.96059601$$

……

如此乘下去结果是越乘越小，无数个 0.99 的乘积会接近于无限小。0.99 连乘 68 次，结果就小于 0.5。也就是说，减少了一半。

假如你每天的工作是 0.99，也就是说，比合格稍微欠缺一点点，似乎看不出来有什么害处，也许还会庆幸自己比别人少做了事情，占便宜了。其实不然，68 天以后，你就不是你了！你只是以前的你的一半，变成了 0.5！

现在，摆在老板、朋友、同事、家人面前，有 3 个人：一个 2，一个 1，一个 0.5。谁会得到尊敬？谁会得到赞美？谁会得到重视？谁的薪酬会更高？

答案是不言而喻的。古人云，莫以善小而不为，莫以恶小而为之。这是千真万确的真理。

1.01 与 0.99 之间的差是 0.02。但如果我们每一位员工在做工作时，多做一点点、多想一点点、对细节多关注一点点、比标准多出一点点，努力做到 1.01，那么我们的企业就会在每个人的努力中越做越大。

永远多做 0.01，成功来自 0.01！

多做一点不吃亏

为公司多做一点，对个人来讲是吃亏吗？或许有的人觉得当然是，但是如果把眼光放远到不止一天，或者更远，便会发现，多做永远不吃亏。

一个脚踏车店的小学徒，每次在为车主修好车后，都要把车子擦拭得漂亮如新。每到这时，其他学徒都笑他多此一举："前来修车的人只付给了你修车钱，你擦车子又没有报酬，何苦呢？"

小学徒并不理会，他始终没有停止他的做法，他养成的这一好习惯一次次为车主提供了优质满意的服务，他的劳动也得到了越来越多的人的认可。一次在他又为车主修好车并擦拭干净以后，他被一家公司挖走了，车主就是这家公司的老板。从此，他有了一份更好的工作，工资也比以前高多了。

小学徒的经历告诉我们能够有钱挣、增加收入并被赏识很简单，只要比别人多付出劳动、多做一点就可以了。

多做一点工作，表面看好像吃亏了，其实并没有吃亏。因为这样不仅锻炼了意志，而且提高了工作能力，也容易得到领导的肯定和升迁的机会。

有天早晨，施瓦伯来到他所经营的一家钢铁工厂，看到有一位公司的储备速记员也在那里。当施瓦伯问他为什么这么早来公司时，这位储备速记员说他是来看看施瓦伯先生是否有什么急的信件或电报要处理。他比其他员工早到了好几个小时来上班。

施瓦伯向这位员工说了声"谢谢"，并告诉他晚一点会需要他的帮忙。当天晚上施瓦伯回到办公室时，身边多了一位私人助理，而他就是在早上令施瓦伯印象深刻的那位储备速记员。

这位年轻人吸引施瓦伯的地方，并非他的速记能力，而是他愿意"多做一点点"的进取心。

无论你从事什么工作，"多做一点点"都可以使你和你的公司获益匪浅。

多付出一点点是你必须好好培养的一种心态，一种精神，一种良好的习惯，它是你成就每一件事的必要因素。不论是工作时间、工作品质、工作量，你都必须告诫自己比别人多做一点。多做一点不会让你吃亏，相反地，你的回报会更多。

每天多付出一点点

宇宙中有一种伟大的定律，叫付出定律。它告诉我们，只要你有付出，就一定有获得，获得不够，表示付出不够，想要得到得更多，你必须付出得更多。

一个好员工，光是全心全意、尽职尽责为公司工作是不够的，你还要时刻提醒自己，我可不可以为公司、为客户多付出一点点呢？其实，每天多付出一点点并不会把你累垮，相反，这种积极主动的工作态度将使你更加敏捷主动。

每天多付出一点点，能让你在公司里脱颖而出，这个道理对于普通职员和管理阶层都是一样的。每天都能多付出一点点，上司和客户都会更加信任你，从而赋予你更多的机会。

对我们来说，"每天"多付出一点点，"天天"都多付出一点点，而不是哪天心血来潮了，就多做一点，做好一点，第二天，热情一过，则又回归原样。

在我们身边，有许多优秀的员工，这些人是我们的骄傲，是我们的财富。他们每个人都是很平凡的人，使他们与别人不同的原因仅仅是，他们愿意每天都多付出一点点，一年 365 天，天天如此！

有一个女会计，因为公司人员的结构调整迫不得已需要她离开会计岗位，但直到离职的最后一天，她仍然埋头工作到深夜，并手把手地把工作交代给继任者，从头至尾耐心细致，没有怨言。其实她原本可以把工作推给旁人了事，但就是多做了这一点点，也就做出了自己的口碑。如今她在一家著名外企的财会部门工作，并且成了这个部门的主管。

在公司的日常运营中，每一个和客户打交道的人都代表了公司的形象和价值。大到履约是否按质按量，小到接听电话是否礼貌周到，乃至接待客户时那一杯水的凉热温度……奉献不过是替客户多想一点点，替企业多做一点点。

多付出一点点，虽然要求你应不计报酬，不怕牺牲，但是，这种多付出的代价绝不会白白流失，它最终必然会结出丰硕的成果，并给你以加倍的回报。

你的工资从哪里来？

为公司多做一点点，对个人来讲是吃亏吗？或许有的人觉得当下是，但是如果把眼光放远到不止一天，或者更远，便会发现，多做永远不吃亏。每天多做一点点，初衷也许并非是为了获得报酬，但往往能获得更多。

*4.*做事做到位

现代职场中，很多公司的员工凡事都得过且过，做事不到位，在他们的工作中经常会出现这样的现象：

5%的人看不出来是在工作，而是在制造矛盾，无事必生非＝破坏性地做；

10%的人正在等待着什么＝不想做；

20%的人正在为增加库存而工作＝蛮做、盲做、胡做；

10%的人没有对公司做出贡献＝在做，却是负效劳动；

40%的人正在按照低效的标准或方法工作＝想做，而不会正确有效地做；

只有15%的人属于正常范围，但绩效仍然不高＝做不好，做事不到位。

做什么事都要讲究到位，半吊子不到位是最让人伤脑筋的。工作做到位，就是要有严谨的工作态度，对要做的工作不能敷衍，要认真去办，并把自己的工作做好。

每个人都有自己的职位，每个人都有自己的做事准则。社会上每个人的位置不同，职责也有所差异，但不同的位置对每个人却有一个最起码的做事准则，那就是做事做到位。

只有"做到位"，才能创造价值

在很多公司中，令老板最头疼的就是员工对布置的工作不积极努力地去做，按质按量地去完成，而只做一些表面文章。这些员工不重视日常事务，基础工作不踏实、不完善，审核前实行突击战略，只做表面文章，应付了事，对于这种工作作风，实际效果可想而知。

许多人外出，总要带上一只旅行杯。旅行杯的盖子一定要盖好、拧到位，否则，杯里的水就会洒出来。旅行杯的盖子如果拧不到位，等于没盖盖子。由此想到，做任何一项工作如果不到位，就难以收到预期的效果，甚至等于没做。

美国肯德基公司为何能顺利打入中国市场，很重要的一条就在于它对中国市场进行了充分的预测。通过预测，广泛收集了信息，在此基础上，进行了科学的决策。

起初，肯德基公司派了一位执行董事来北京考察中国市场。他来到北京街头，看到川流不息的车辆、熙熙攘攘的人群，非常兴奋地向总部汇报说：中国的市场潜力很大。当总部向他询问具体数据资料时，他却张口结舌，说不上来了。结果被总公司以不称职而降职了。

紧接着公司又派出了一位执行董事来考察。这位董事做事很到位，他没有走马观花，而是实实在在地做了几件事，精心地进行调查和实测。

首先，这位董事在北京的几个街道上，用秒表测出人流量，大致估算出每日每条不同街道上的客流量。他利用暑期，临时招聘了一些经济类的大学生做职员，派出这些临时职员，在北京设置品尝点，请不同年龄、不同职业的人免费品尝肯德基炸鸡，尤其是在北海公园这座皇家园林设立调查点，利用风景秀丽、游人众多的特点，来广泛征求各种意见。他们详细询问品尝者，对炸鸡味道、价格、店堂设计方面进行了调查。不仅如此，这位董事还对北京鸡源、油、盐、茶及北京鸡饲料进行了调查，并将样品数据带回美国，逐一做化学分析，经电脑汇总得出"肯德基"打入北京市场会有巨大的竞争力的结论。

做事做到位与不到位其结果是完全不同的，只有做事做到位的员工，才能为企业创造价值。

将事情踏踏实实地做到位

越来越多的员工只管上班不问贡献，只管接受指令却不顾结果。他们应付差事，把事情做得"差不多"成了他们的行为准则。

海尔集团董事局主席张瑞敏说："如果训练一个日本人，让他每天擦 6 遍桌子，他一定会这样做；而一个中国人开始也会擦 6 遍，慢慢觉得 5 遍、4 遍也可以，最后索性不擦了。"张瑞敏认为："这种人做事的最大毛病是不认真，做事不到位，每天工作欠缺一点，天长日久就形成了怠工的顽症。"

张瑞敏就是因为熟知某些人做事不到位，才发明了"日清日毕，日清日高"OEC 管理办法，以此来严格要求所有人员每天的工作必须当天完成。

张瑞敏常常向员工灌输这样一个理念："说了不等于做了，做了不等于做对了，做对了不等于做到位了，今天做到位了不等于永远做到位了。"

中国有许多企业曾提出了很多的管理概念和口号，但没有几个企业能像海尔那样把概念和口号落实得这么到位。海尔可以把这样的概念落实到厕所里：几点几分谁来刷厕所，几点几分谁来检查，几点几分谁来检查检查者是否来检查了。

对于现代企业来说，也许最应该提倡的两个字就是"到位"。毫不夸张地说，企业内从来不缺乏聪明人，也从来不缺乏能够做大事的人，缺乏的是那种能够将事情踏踏实实地做到位的人。

在今天这个日新月异的时代，作为职场中人，我们应当"办事办到位"；作为企业管理者，我们应当"管理管到位"。如果我们能够真正地将这两个"到位"做到位的话，我们的工作又何愁不能实现突破与飞跃呢？

你的工资从哪里来？

许多人外出，总要带上旅行杯。旅行杯的盖子一定要盖好、拧到位，否则，杯里的水就会洒出来。旅行杯的盖子如果拧不到位，等于没盖盖子。由此想到，做任何一项工作如果不到位，就难以收到预期的效果，甚至等于没做工作。

5.对工作有吃苦耐劳的精神

现在，有一个最让企业头痛的问题是：新招来的员工吃不了苦，没有一点吃苦耐劳的精神，有些人在企业里干几天，甚至干几小时就辞职走人，没有坚定的意志。

一个知名企业家说：一个优秀员工要有吃苦耐劳的精神，现在有些青年员工，刚到企业里来工作时决心很大，可到最后总有一部分人被淘汰，一部分人成为岗位操作能手。为什么？关键是被淘汰的这部分人缺乏一种吃苦的精神。工作确实很辛苦，但美好的生活是靠我们用双手劳动去争取的。员工有多少付出，就会有多少收获。

现在的企业很看重员工是否有吃苦的精神。比如，统一石油化工有限公司就要求员工有吃苦精神以及脚踏实地的作风，凡来公司应聘者，公司会先给你一个拖把叫你去扫厕所，不接受此项工作或只把表面擦拭干净者均不予录用。企业认为一切利润都是从艰苦劳动中得来的，不敬业，就是隐藏在公司内部的"敌人"。

浪潮通软总裁王兴山曾在回答"什么样的员工是好员工"时说："什么是好员工，什么是不好的员工，我们喜欢什么样的人，如果是这种理解的话，我感觉对我们来讲首先是真诚，第二是踏实肯干。"

王兴山说："好员工应该有一种吃苦精神，因为我们的客户很多都是全国性的客户，像中石油、中石化、中国航空一集团、中国航天科技，而这些企业并不一定都在北京、上海，或者沿海发达地区，好多客户的工作条件可能并不是很好，这个时候我们的员工要去服务，必须要到现场，所以有的地方可能没有飞机，也没有星级宾馆，也喝不上咖啡，这时候就要和客户打成一片，不仅肯干，而且能吃苦，让客户信赖你，用你的知识把我们的客户服务好，赢得客户的信赖。这种精神对我们 IT 企业是很宝贵的。"

具有吃苦耐劳的精神，是一个人成就事业的基本条件。

香港商人李嘉诚，被美国时代杂志评选为全球最具影响力的 25 位企业界领袖之一，同时他也是香港历史上的千亿富翁，他所建立的长江实业为香港的第一大企业集团，他的成功离不开吃苦耐劳的精神。

李嘉诚年幼即丧父，家庭的重担就由他一肩扛起，那个时候他才 14 岁，正是一般青少年求学的黄金岁月。青少年应该是无忧无虑的，然而残酷的生计却迫使他选择辍学，而走上谋职一途。他好不容易在港岛西营盘的春茗茶楼找到一份服务生的工作。每天清晨 5 点左右一般人都还在睡梦中的时候，他就必须提起精神从温暖的被窝中爬起，然后赶到茶楼准备茶水及茶点。每天的工作时间达 15 小时以上，生活简直就是一场严苛的考验与磨练。

舅父非常疼爱李嘉诚，为了让他能够准时上班，舅父买了一只小闹钟送他。李嘉诚把闹钟调快了 10 分钟，以便最早一个赶到茶楼开门工作。茶楼的老板对他的吃苦肯干精神深为赞赏，所以李嘉诚就成为茶楼中加薪最快的一位员工。

曾有人问李嘉诚的成功秘诀。李嘉诚讲了这样一则故事：

日本"推销之神"原一平在 69 岁时的一次演讲会上，当有人问他推销的秘诀时，他当场脱掉鞋袜，将提问者请上讲台，说："请你摸摸我的脚板。"

提问者摸了摸，十分惊讶地说："您脚底的老茧好厚呀！"

原一平说："因为我走的路比别人多，跑客户比别人勤。"

提问者略一沉思，顿然醒悟。

李嘉诚讲完故事后，微笑着说："我没有资格让你来摸我的脚板，但可以告诉你，我脚底的老茧也很厚。"

李嘉诚讲的这个故事，给我们这样的启示：人生中任何一种成功都不是唾手可得的，不能吃苦、不肯吃苦，是不可能获得任何成功的。

日本企业家松下幸之助说："只埋怨工作辛苦，是不会出人头地的。没有辛勤，哪有成果？"

当年创业的时候，松下幸之助对自己说："要好好努力，只是埋怨辛苦是不会出头的。现在拼命努力，将来一定有出息。"因此，松下在冬季结冰的天气下做抹布清洁工作，虽然很辛苦，但他仍然很努力。

松下正是靠着这种吃苦精神才闯出一番事业的，所以在他当上老板之后，他告诫他的员工要有吃苦精神。在松下幸之助看来，不怕吃苦的员工，才是企业真正需要的人才。

然而，现实中有些人由于怕吃苦，而失去了成功的机会。

在公司总部待了几年的小王，其机灵劲儿深得经理赏识，并有心栽培。正好公司在扩大规模，为开辟市场，拟在西部一边远地区设一分公司，经理想派其去锻炼，刚一开口，小王就连连摇头不去："头儿，我才刚结识新女友，那儿太苦太落后，工作怕开展不起来……"经理自此再也没有扶植他。

生活中很多时候，有的人看似比别人多吃苦，甚至是有点傻，其实最终受益的往往正是这些人。有的人偶尔也能吃苦，但一涉及个人利益的时候，便轻易地放弃了。殊不知那放弃的，往往还会有自己非常渴望的机会。

吃苦精神，是一个人事业成功的基础。为什么少数人成功，多数人失败，是否具有吃苦精神是其中的关键。同样的学历，同样的工厂，为什么有人能坚持下来并成功了，有人却落荒而逃——还是吃苦精神方面的差异。你的吃苦耐劳精神带给公司的是业绩的提升和利润的增长，而带给你自己的是宝贵的知识、技能、经验和成长发展的机会，以及随着机会到来的财富。实际上，在吃苦耐劳中你与公司获得了双赢。

"吃得苦中苦，方为人上人。"这句流传千百年的至理名言告诉我们一个这样的道理：吃苦耐劳也是成功秘诀。那些能吃苦耐劳的人，很少有不成功的。这是因为苦吃惯了，便不再把吃苦当苦，能泰然处之，遇到挫折也能积极进取；怕吃苦，不但难以养成积极进取的精神，反而会采取逃避的态度，这样的人当然也就很难成功了。

你的工资从哪里来？

"吃得苦中苦，方为人上人。"你的吃苦耐劳精神带给公司的是业绩的提升和利润的增长，而带给你自己的是宝贵的知识、技能、经验和成长发展的机会，以及随着机会到来的财富。在吃苦耐劳中你与公司获得了双赢。

6.团队的利益高于一切

美国西点军校有一著名理论："团队的利益高于一切。"

企业、公司也是一个团队。这个团队是由许多人组成的，其中从职务上分有董事长、总经理、各部门负责人和普通工作人员等一线员工；从岗位上分有技术人员、后勤人员、管理人员及各工种技术工人和普工。企业中的个体"人"，年龄、性别、文化技术水平、阅历、性格、价值观、个人追求目标不尽相同，这些各种不同的"人"必须明白：没有一个成功者是独行侠（包括企业董事长和总经理），每个成员在帮助团队取得最大利益时，也就使自己充分地取得了最大的利益；若要真正地融入团队，运用合作取得最大的整体利益，那就必须把我们的个人利益放在一边。

个人利益必须服从团队的利益

在企业里，有些员工不讲团队精神，他们往往为了自己的利益，而不去替整个团队着想，这样的员工是很难得到老板和同事认可的。

刘益是一家公司的网络管理员，在工作中表现突出，技术能力得到了大家的认可，每次均能够按计划、保证质量地完成项目任务。在别人手中的难点问题，只要到了刘益那里，十有八九会迎刃而解。

公司对刘益的专业能力非常满意，有意提升他为项目主管。然而，公司在考察中发现，刘益除了完成自己的项目任务外，从不关心其他事情；且对自己的技术保密，很少为别人答疑；对分配的任务有时也是挑三拣四，若临时额外追加工作，便表露出非常不乐意的态度；此外，他从来都是以各种借口拒不参加公司举办的各种集体活动。如此不具备团队精神的员工，显然不适合当主管。

一个人的能力不管有多强，如果你只考虑自己的私利，不顾及团队利益，那这样的人是不受团队欢迎的。

美国大联盟西雅图水手队的明星球员罗德基思，曾经成为许多球队的挖角对象。罗德基思开出的条件除了2000多万美金的年薪外，还要求球队给予他各种特别待遇，包括在训练场有自己专属的棚子，供他自由使用的私人飞机。

原本对罗德基思有兴趣的纽约大都会队，听到这些条件之后决定改变主意。球队觉得，如果他们答应罗德基思的所有条件，几乎是允许他独立于球队之外，自成一格，对球队的影响是弊多于利。他们需要的是由25个球员组成的团队，而不是24个球员加上1个特殊球员。结果而想而知，罗德基思只好另做打算。

正如通用电话电子公司董事长查尔斯·李所说："最好的CEO是构建他们的团队来达成梦想。即便是迈克尔·乔丹也需要队友的配合来完成每一场比赛。"

国内外战绩彪炳的篮球队之所以经常赢得冠军奖杯，关键在于他们在千变万化的球场，愿意在必要的情况之下，牺牲个人得分的机会，赢得球队的胜利，表现出大公无私、相互配合的敬业精神。全队成员共进退，提高了球队的整体得分率，这样的球队，总能取得不错的成绩。

智联招聘的首席执行官刘浩说：任何一个员工其业绩大小和他所处的集体有密切关系。也就是说，他的成功离不开集体每个人的配合、支持与协作。因此，公司考虑提升某个员工时，除了参考他的综合能力和业绩外，还会参考他在团队中所能发挥的作用，看他是否能为企业的整体利益有效地与其他部门协调、沟通，或者是帮助团队成员积极发挥自身特长，以保证公司利益和个人利益的最大化。

永远将团队利益置于个人追求之上

团队中的精英是团队业绩的保证，是团队的中坚力量。有人说，在一个团队中，20%的精英能产生80%的业绩。任何一个企业领导都会把"是否拥有优秀人才"作为企业发展成败的最关键因素。正所谓："团队需要精英，精英需要团队。"然而，在一个团队中，不管什么样的精英人物都必须服从团队利益。

根据团队利益至上的原则，个人利益必须永远服从于团队利益，必须在维护团队利益的前提下，发扬个人英雄主义。过分压制个人英雄主义的发扬，团队就会缺乏创新力，跟不上市场形势的发展；过分强调个人英雄主义，就会形成团队成员之间缺乏合作精神，各自为政，目标各异的局面，个人利益就会占据上风，团队利益就会被淡化，整个团队很可能成为一盘散沙，不堪一击。

团队是一体的，成败是整体而非个人。每一位成员都应将团队利益置于个人利益之上，因此团队中没有个人英雄主义，每一位成员的价值，表现为其对于团队整体价值的贡献。在某著名IT公司曾发生过这样一件事：

　　为了尽快推出世界上更高速的电子表格软件，公司老板让一位名叫克郎德的软件设计师主持这套名曰"超越"软件的设计和开发。

　　市场在不断地发展变化，正当克郎德和程序设计师们挥汗大干、忘我工作，使"超越"电子表格软件已见雏形之时，老板正式通知克郎德放弃"超越"软件的开发，转向为另一家公司开发其他软件。

　　克郎德急匆匆地闯进老板的办公室："先生，你简直把我搞糊涂了！我没日没夜地干，为的是什么？我一定要继续干下去，绝不放弃！"

　　老板耐心地解释事情的缘由："另一家公司开发的软件已经上市了，而且其性能比我们正在开发的'超越'软件要优越，所以，'超越'软件即使开发成功了，也不会有什么市场。因此，还不如趁早放弃，转而开发其他软件……"克朗德恼火地打断老板的解释，嚷道："我绝不接受！"一气之下，年轻气盛的克朗德向老板递交了辞职书，无论老板怎么挽留，他也毫不松口。

　　公司老板见说服不了克朗德，为了公司的整体利益，便只好接受他的辞职。尽管他知道克朗德是一位软件设计天才，公司也需要这样的人。但老板明白，在一个公司里，即使个人能力再强，如果你不从公司的整体利益出发去考虑问题，那么公司也绝不会留用你。

　　有团队才会有个人，团队发展壮大了，个人的利益才会有保证。当你永远把团队的利益置于个人利益之上时，你获得的将会更多。

你的工资从哪里来？

　　优秀员工必须树立以大局为重的全局观念，将个人的追求融入团队的总体目标中去，从自发地遵从到自觉地培养，最终实现团队的最佳整体效益。当你永远把团队的利益置于个人利益之上时，你获得的将会更多。

7.全力以赴做好每一件平凡小事

不能做小事的人，做不成大事，甘心做小事，积累起来，才能为做大事打下基础。所有的成功者与我们一样，每天都在为一些小事全力以赴，唯一的区别是他们从不认为自己所做的事是简单的小事。

工作之中无小事，每一个微不足道的小事都可能会影响你的业绩，或使公司遭受损失。不要小看小事，不要讨厌小事，只要有益于自己的工作和事业，无论做什么事情我们都应该全力以赴。用小事堆砌起来的事业大厦才是坚固的，用小事堆砌起来的工作才是真正有质量的工作。细微之处见精神，有做小事的精神，才能产生做大事的气魄。

从小事做起才能干好大事

在我们的日常生活中，经常会出现这样两种人：一种是不想做小事的人，一种是做不好小事的人。大事做不好，小事不想做，是第一种人的写照。他们认为自己有水平，有能力，对一般的事弃而不做，不加理会。第二种人愿意做小事，但意识里将小事做好的要求和标准降低，敷衍了事，事不经心。这两种人做事的结果是一样事情都不能做好。

每个人所做的工作，都是由一件件小事构成的，因此对工作中的小事绝不能采取敷衍应付或轻视懈怠的态度。很多时候，一件看起来微不足道的小事，或者一个毫不起眼的变化，却能实现工作中的一个突破，甚至改变商战场上的一个胜负结局。从小事开始，逐渐增长才干，赢得领导的认可，赢得干大事的机会，日后才能干大事。

美国青年克雷格·卡尔霍恩，年满 12 岁后，每年暑假都在父亲开的清污公司干活。父亲用一桶清洗液和一把钢丝刷，头顶烈日的工作态度为儿子上了重要的一课：每一件工作都好比签名，你的工作质量实际上等于你的名字，只要脚踏实地，埋头苦干，迟早会出人头地。他按照父亲的教导，用钢刷蘸着清洗液把每块砖头洗得干干净净。

凭着这种把每件小事做好的精神，克雷格·卡尔霍恩在西南食品超市由包装工升为存货管理员，整天干着装装卸卸、摆摆放放这样细小麻烦的工作，但他仍然一丝不苟，乐此不疲。有朋友屡次劝他："别把青春耗费在这种没出息的事情上！"他却不以为然，仍是坚守着自己的工作信条：工作无大小，干好当下每件事。朋友认为他是个大傻瓜，一辈子也干不出什么名堂。然而，他却为自己干好了这桩谁都不愿干的工作而自豪不已，他相信父亲的话："只要自己不断努力，只要认真地做好每件事，上帝一定会眷顾你的。"果不其然，数年后克雷格·卡尔霍恩脱颖而出，成为拥有 8 家商店，一年总营业收入达 5200 万美元的老板！

做好每一件事和每一件小事，说起来简单，做起来却很难。认真做好了小事，其实也就是在完成大事。

海尔集团总裁张瑞敏将做好小事概括为两句话："把每一件简单的事做好就是不简单，把每一件平凡的事做好就是不平凡。"海尔集团办公大楼的每一块玻璃都明亮清晰，是因为员工每天都将玻璃一块一块擦拭。如果没有乐于做小事的人，就不会有这样的结果。擦拭玻璃墙很简单，但每天都是如此这般地重复做，那就是件很不容易的事情了。做好每一件小事，对每个人来说应该成为一种做事的理念，也是对一个人素质的考验。

每一件事都值得去做

工作中，有些员工会觉得，日复一日地干一些简单枯燥的事情，整理一些琐碎的资料会很无聊。这时他难免会想："为什么不能尽我之才，为什么总让我干那么繁杂的事呢？"

许多人不屑于做一些小事儿，认为那是浪费时间，没有任何意义。然而，一屋不扫，何以扫天下？有道是："天下大事必做于细，天下难事必做于易。"一个有责任心、对结果负责的人，一定是一个全身心做好本职工作，热心做好每件小事，对工作有使命感，能够为自己、为企业创造更多价值的人。

有一位青年在美国某石油公司工作，他所做的工作连小孩都能胜任，就是巡视并确认石油罐盖有没有焊接好。石油罐在输送带上移动至旋转台上，焊接剂便自动滴下，沿着盖子旋转一周，作业就算结束。

这就是他的工作！他每天必须反复好几百次地注视着这种作业。这项工作任谁看起来都是单调机械、枯燥乏味的，然而，此人却在这份了无生趣的工作中找到了乐趣和突破。他发现罐子旋转一次，焊接剂滴落39滴，焊接工作便结束了。他想，在这一连串的作业中，有没有可以改善的地方呢？一天，他突然想到：如果能将焊接剂减少一两滴，是不是能够节省成本？

于是，他经过一番研究，终于研制出"38滴型"焊接机。这个发明非常完美，公司对他的评价很高。不久，便生产出这种机器，并运用到实际作业中。虽然节省的只是一滴焊接剂，但"一滴"却给公司带来了每年5亿美元的新利润。

这位青年，就是后来掌管全美制油业95％实权的石油大王——约翰·洛克菲勒！

在工作中，同样是做小事，不同的人会有不同的体会和成就。不屑于做小事的人做起事来十分消极，不过是在工作中耗时间；而积极的人则会安心工作，把做小事作为锻炼自己、深入了解公司情况、学习公司业务知识、熟悉工作内容的机会，利用小事去多方面体会，增强自己的判断能力和思考能力。

作为一名普通员工，要想在众多同事当中脱颖而出，你必须用心去完成老板交给你的每一项任务。工作中无小事，每一件事都值得我们去做，即使是做最普通的事，也应该全力以赴、尽职尽责地去完成。能把小任务顺利完成，也就有了完成大事情的可能。一步一个脚印地向上攀登，便不会轻易跌落——这也是通过做小事而不断获得力量的秘诀。

你的工资从哪里来？

工作之中无小事，每一件微不足道的小事都可能会影响你的业绩，或使公司遭受损失。不要小看小事，不要讨厌小事，只要有益于自己的工作和事业，我们都应该全力以赴去完成。不管是做大事还是做小事，都要从公司的利益出发。

8.注重工作细节

中国古代思想家老子曾说："天下难事，必做于易；天下大事，必做于细。"他精辟地指出了想成就一番事业，必须从简单的事情做起，从细微之处入手。相类似的，20世纪最伟大的国际建筑大师密斯·凡·德罗在被要求用一句话来描述他成功的原因时说"魔鬼藏在细节之中"，可见对细节的作用和重要性的认识，古已有之，中外共见。

以天天平价著称的沃尔玛，其实它的东西也并不比同行便宜多少，但它的服务却是极为注重细节的。例如沃尔玛规定，员工要对3米以内的顾客微笑；员工要认真回答顾客的提问，永远不要说"不知道"；哪怕再忙，员工都要放下手中的工作，亲自带领顾客来到他们要找的商品前面。正是注重了这些入微的小事、细节，沃尔玛才以2198.1亿美元的年营业总额荣登2002年美国乃至世界零售企业的第一把交椅。

细节影响企业管理的成败，同样也影响一个人在职场上的成败。一个好员工，是极为注重工作细节的。

注重工作细节是良好工作态度和工作作风的重要表现形式。事业上的成功除了取决于一个人的精神能量，有决断力、有影响力等因素之外，还有一个重要的方面就是注重细节。细微之处见精神，在一定意义上说，真理贮藏于细处，伟大沉淀于具体，有时细节往往可以成为影响成败的关键因素。

世界上最伟大的推销员乔·吉拉德曾说："成功的机会无处不在、无时不有，遍布于每一个细节之中。"

细节是对一个人综合素质最真实的考察，也是区别于他人的特点。忽视细节和重视细节，其结果截然不同。

魔鬼藏在细节之中

"魔鬼藏在细节之中。"为什么细节会成为魔鬼的栖身之地呢？因为人们在工作和生活当中，经常会忽略细节的存在，从而让魔鬼有机可乘。

从某种意义上说，与其说藏在细节之中的是魔鬼，不如说藏在细节之中的是一个人的成败。

林月从上海外国语大学毕业后，顺利进入了一家香港猎头公司。外语方面的优势加上聪明伶俐的表现，使得林月很快赢得了老板的赏识，于是，她获得了参与很多重要项目的机会。

一次，公司与一家跨国 IT 公司商谈一个项目。初步洽谈后，对方要求林月所在的公司提供一份详细的项目计划书。老板把这个任务交给了林月。因为是大客户，公司上下都十分重视，林月也不敢怠慢，花了不少工夫，一连好几天加班加点。当她把全英文的计划书交给老板时，自信自己交出了一份满意的答卷。

几天后，林月被老板叫进了办公室。只见老板一脸阴沉，林月知道肯定是计划书出了问题。不禁有点纳闷：计划书的内容自己仔仔细细检查过很多遍，应该不会有问题啊！

老板打开计划书，指着目录那一页问，为什么不能把索引对齐？索引的页码字体为什么有的是粗体，有的却不是？他又往后翻，指出每个页面上存在的排版上的小毛病。老板花了近半个小时给林月上了一堂如何熟练使用 Word 的课。最后，老板说了一句让林月印象深刻的话："越是细节之处，越能看出一个人的职业素养。客户要是看到我们在细节上疏漏不断，还会信任公司所提供的服务吗？"

企业中，像林月一样的员工不在少数，他们总是想着怎么尽快地做出成绩，好让别人刮目相看，但却往往忽略了工作中的细节。

有人说，一滴水可以折射出太阳的光辉，一件小事也可以看出一个人的工作是否细心。有时候，你可能忽视的事情很小，但就在这小小的事情上，映照出大的漏洞来。

成也细节，败也细节

许多企业并不是被大事难事打倒，而是败在一些不起眼的细节上。全球最大的连锁饭店马瑞特总裁比尔·马瑞特有句管理名言："差错发生在细节，成功取决于系统。"他的这句话能让人领悟到：细节决定成败，一个微小的差错就可能酿成失败。

有这么一个例子，因为忽视了一个细节使企业失去了良好的商机：

北方有一家制药厂准备从国外引进资金，扩大生产规模。一天，工厂请来了世界著名的拜尔公司的代表到厂里考察。拜尔公司的代表与制药厂厂长经过短暂会谈之后，便与厂长一起参观工厂。在参观过程中，药厂厂长随地吐了一口痰。这个场景让拜尔公司的代表看得清清楚楚，他马上拒绝参观下去，并终止了与这家制药厂的谈判。

在外商看来，制药厂对车间卫生要求应该是非常严格的，但连厂长都如此随地吐痰，那么员工的素质就可想而知了。与这样的厂家合作，能有发展前景吗？

随地一口痰，就毁掉了一个"差一点"到手的合作。因小失大，实在可惜。

有一家日本公司准备在中国投资，考察了国内很多企业，最后选中 3 家，想进一步比较，以做出最后决定。这 3 家中就有海尔集团。

后来日本这个株式会社社长到了海尔，但只看了看就走了。起初认为他无意与海尔合作。可没想到，事隔一天，对方就发来了愿意合作的传真。

事后，这位社长说，虽然来海尔的时间很短，但他到模具车间去了，并顺手摸了一下备用模具，没摸到灰。他就是靠这点做出合作的决定。因为，海尔连备用的模具都能够做到一尘不染，那么，这个企业的管理是可以信得过的。

细节之处见精神，实际上，要了解一个企业的管理是否认真、严格，需要观察细节之处。

很多时候，公司员工在工作中养成了注重细节的好习惯，在细节问题上展现了自己的素质和精神面貌，常常会收到意想不到的效果。

有一位外商来某厂考察，由厂长陪同到车间去参观。当这位外商掏出一支烟刚要点燃的时候，一个在场的工人立刻冲他指了指墙上"安全第一，注意防火"的牌子，友好地做了个制止手势。这位外商非但没有生气，反而竖出了大拇指。他对厂长说："你们厂工人的素质高，责任心强，有主人翁的姿态，更增加了我在这里投资的信心。"

你看这位工人一个手势所产生的作用有多大!

有些事情很小,但能从一定的方面反映出事物的本质。有时候,一个小小的言行动作可以展示一个人的素质,进而折射出企业的整体形象。

注重工作细节,才能走向成功

对于一名员工而言,到底什么才是最重要的呢?

是不要在细节上出错,是摸清老板的意图,还是保持乐观向上的态度,积极主动地工作呢?其实,这些都非常重要,然而,如果不能克服"忽视细节"这个毛病,那么其他的也就都不重要了。

一个成功的企业需要无数个各司其职、注重工作细节的优秀员工。他们要有做好每个细节的敬业务实的精神,要有积极乐观的工作热情,要有时刻把工作做精做细、做到位的自主意识。生产上注重细节,销售上关注细节,技术上抓住细节,管理上不放过细节。市场人员抓住细节也就抓住了商机,人力资源部门抓住细节就可以推知人的品德与能力,在营销管理上对细节的关注可以加深客户对企业注重服务与质量意识的印象,而这一切都能决定企业最终管理上的成败。

从这个意义上说,注重工作细节是每一名员工必备的工作作风,把每一个细节做得尽善尽美是成为一个好员工的前提条件。

有一家公司曾经组织过一次公关活动,现场需要一些纸条供客户提问。原本不过是让公司文员杨文裁几张白纸了事,但在现场看到的却是一沓非常漂亮的便笺,印着公司标记,措辞十分礼貌,客户看到后的反应极佳。

其实，即便使用几张白纸也完全顺理成章，但一向注重工作细节的杨文却想把事办得更好。就因为杨文多想了一点，多做了一点，效果出奇地温馨感人。

杨文之所以在公司深得老板的赏识，就在于她在工作中注重细节。比如，每次老总和重要客户会谈，杨文都会主动打扫总经理办公室，还会喷上空气清新剂。虽然用心完成的事情很琐细，但是却为老总在"外人"面前撑足了面子，甚至给公司许多业务的促成起到了积极的作用。

一次老总让她打印一份商业合同。当时老总心急火燎，杨文依旧在影印之前，耐心地将合同仔细地阅读了一遍。结果，细心的杨文发现合同有一处数据错误。申报老总后，杨文做出了修改，此举为公司避免了近300万元的损失。

还有一次，公司起草一份销售合同准备报到德国总部时，其中的合同附件上的一个技术参数的小数点被打错了地方。按说，这个合同双方已签字认可，既然用户方没发现，照着流程做就是了。就在老总签完字，准备把合同发往德国总部时，心细如针的杨文发现了这个致命的错误，当即指出来后，老总吓出了一身的冷汗。假如总部那边的生产商照此生产，那么这套价值100万欧元的设备就成了一堆废品。杨文马上打电话与用户联系确认，更改了数据。传真发出去后，老总竟然激动地握住杨文的手，感谢她的"一双慧眼"，要是"这把大火烧起来"，只怕是他这个老总也得被总部换掉……

在工作和日常生活中，存在许多重要但又不为人们注意的小细节，只有认识这些小细节并注意检查核校它们，才能在职场上走向成功。

注重细节是一种精神，一种动力，一种创造，更是一种习惯。在工作中应当把注重细节当作是时刻检查自己的一面镜子，站在这样的镜子面前，我们可以更清楚地找到自己的不足，及时发现工作中的漏洞及失误，迅速弥补。

工作中，细节无处不在，只有注意它、认识它、做好它的人，才能获得成功的机会。

你的工资从哪里来？

成也细节，败也细节。我们不缺勤劳，不缺智慧，最缺的是做细节的精神。在我们的日常工作中，不放过每一个细节是对自己、对公司负责，只有这样，才能避免因忽视细节而带来的影响或损失。

*9.*提升自己独当一面的能力

通常员工的工作很多，上司不可能事事过问。因为上司没有那么多的精力，他们需在宏观上把握全局，而具体的工作都由员工分工负责。这种工作性质使得你必须能独当一面才行。

一名员工要走向成功，就要有独当一面的能力。如果你没有这种能力，不仅不能让上司省心，反而给公司带来了包袱，老板肯定不会喜欢你的。所以，在工作中有独当一面的能力，才能让公司器重你，让同事佩服你。这也是你在公司立足和提薪晋职的必备素质。

企业呼唤能独当一面的人才

常说公司是一部大机器，员工在里面就是一颗螺丝钉，虽然不显眼，但却不可或缺。在某些企业里，员工真的就像是颗螺丝钉，你说他不可或缺，却也是可以轻易替换的。

相对地，看重创意、成长中的企业，对员工的素质会有更高的期望。螺丝钉型的员工（接受指令行事）在这种企业中是不被重用的。成长型企业希望员工能独当一面，每个员工均是能解决问题的独立个体，每个员工均要对公司的产品或服务贡献出他的价值。

现在企业选拔人才，都需要在专业上能独当一面、技术能力出众、能解决专业技术问题、出色完成岗位职责规定的工作任务，并成为专业技术带头人的员工。

一家公司的经理直言："我在选人用人的时候，非常注重员工的才能与岗位要求是否吻合，也就是说，即便他很有才能，如果不适应做该岗位的工作，我会毫不犹豫给予否定。到我们这里来工作的人，上岗后要能独当一面，岗位上的各项工作要能一肩挑。不能胜任本职工作，不能独当一面的员工我们不欢迎。"

佟青到某外资公司工作已经8个月了，与她同时进公司的其他员工，在工作上都早已能独当一面了，唯独她还不能够胜任本职工作，她也十分着急，经常利用业余时间补习业务，可收效甚微。公司领导认为，佟青虽然干活比较笨，但工作态度还是认真的，于是决定给她一次提升技术水平的机会，让她脱产3个月，去参加技术培训。但参加完3个月的技术培训，回到公司后的佟青仍然不能胜任本职工作。公司领导对她彻底失望了，做出了一个月后与她终止劳动合同的决定。

在现代企业做事，往往是一个萝卜一个坑。你必须熟悉你的工作，能够独当一面地处理事务。长期不能独当一面的员工，即使你工作再努力，但在领导和同事眼里，你的能力已经被打了折扣。

员工工作有独立性才能让老板省心，老板才敢委以重任。合适地提出独立的见解、做事能独当一面、善于把同事和领导忽略的事情承担下来是一个好员工必备的素质。

好员工必须要有独当一面的能力

除了忠诚可靠，老板最需要的当然是能够独当一面的员工了。因为老板担当的不仅是财富和声誉，更重要的是责任——发展集体事业的责任。所以，老板总希望下属能够独当一面，分担他的责任。

员工拥有随机应变、独当一面的能力，在平时，可以改进公司的产品品质及服务，以适应市场的竞争；在公司危急时刻，可以迎接挑战，化危机为转机。

一位能独当一面的好员工，不会让老板太操心，而不能独当一面的员工，只能增加企业的负担。下面的例子能充分说明这一点：

20世纪60年代的日本，本泽房屋社长三泽千代治很自信地经营着公司生产的坚固耐用的"三泽式屋顶"。

他很重视公司的产品质量，所以他对员工的技术要求非常严格，凡是进入公司的雇员都必须经过严格的面试和笔试。除此之外，公司每年都要对员工进行定期研习培训。他希望每个员工都能胜任本职工作，独当一面。

可是有一天，他接到了这样一个消息：有好多家用户的屋顶，被大风刮走了。

听到这个消息，三泽会长很是吃惊，因为他一向自信的产品品质，居然出了问题。

经过一番调查，才发现原来是负责安装的工人在拧螺丝的工序上出了问题，导致屋顶被大风刮走。

结果，三泽会长只能一一到用户那里安慰并赔偿损失。

这个事件对一向以品质和技术自豪的三泽的打击是痛苦无比的。员工不能独当一面不仅给公司造成经济损失，更影响了公司的声誉，也让他本人备受打击。从此，他更加强化员工的业务素质，对公司的经营实行体系化的管理，建立了培训中心，一年365天轮流对员工进行定期培训。使得公司逐渐从失败的阴影中走了出来。

由此可见，员工独当一面对公司、对老板的重要性。

一家公司的总裁说："员工不能独当一面简直意味着灾难。试想，如果因为某个员工的不称职而导致本可以成功的生意失败了，对企业的经营来说，还有比这更糟糕的事情吗？"

一些管理者还谈到，好员工在本职岗位上工作出色并能独当一面，无须让人操太多心。在企业生产一线担任管理工作的王经理说了这样一个事例：

某天夜班，车间的一台设备出了故障不能正常运转，恰巧维修工又请假了。操作这台设备的员工，根据平时的了解观察以及对设备说明的琢磨学习，硬是把故障排除了，保证了生产的顺利进行。王经理认为，优秀的生产一线员工除了会操作设备外，还会试着去了解、排除设备的一般故障，这才是真正做到了在生产方面能独当一面。

在一个公司里，每个人都有不同的任务与职责，这些不同的任务与职责有着一个共同的目标，那就是为公司创造利润，为公司带来发展。

老板的利益与公司的利益紧密地联系在一起。所以老板更关心公司业务的进展，内部的、外部的协调等与公司利润相关的各项工作，希望能够拥有合适于各种岗位的出色员工。利润的提高与成本的节约又有很大关系。每个员工独当一面自然能够提高效率，赢取时间，节约成本。

公司和老板都希望每一名员工能胜任其职，如果你还没有独当一面的能力，就须努力了。

你的工资从哪里来？

在现代企业做事，往往是一个萝卜一个坑。你必须熟悉你的工作，能够独当一面地处理事务。在工作中有独当一面的能力，才能让老板器重你，让同事佩服你。这也是你在公司立足和提薪晋职的必备素质。

第四章
你的工资从卓越的工作方法上来

1. 为公司奉献好点子

一个处处为公司着想的人，会站在公司的立场上，以为公司创造利益为出发点，他们以积极的工作方式，时时刻刻不忘给公司多出好点子。

日本的东芝电气公司在 1952 年前后曾一度积压了大量的电风扇卖不出去，7 万名职工为了打开销路，费尽心机地想尽了办法，依然进展不大。

有一天，一个小职员向当时的董事长石板提出了改变电风扇颜色的建议。在当时，全世界的电风扇都是黑色的，东芝公司生产的电风扇自然也不例外。这个小职员建议把黑色改成为浅色。这一建议引起了石板董事长的重视。

经过研究，公司采纳了这个建议。第二年夏天，东芝公司推出了一批浅蓝色电风扇，大受顾客欢迎，在市场上还掀起了一阵抢购热潮，几个月之内就卖出了几十万台。从此以后，在日本，以及在全世界，电风扇就不再是一副统一的黑色面孔了。

此实例具有很强的启发性。只是改变了一下颜色，使得原来的滞销产品，几个月之内，就销售了几十万台。这一改变颜色的点子，产生的效益竟如此巨大。

善于提出合理化建议

提合理化建议是企业挖潜革新、降低成本、提高生产率、增加企业经济效益的重要方式。可以说，提建议是每个员工职责的一部分。

衡量一名员工是否优秀，要看他是否能给企业提出有价值、有效益的建议，这在一定程度上也反映了员工对企业的忠诚度。同时，当员工在提建议时，他就会去考虑如何改进和解决问题，这对员工个人而言也能起到提高和促进作用。

好员工要善于提建议，当然提建议的前提条件是必须做好本职工作。只有本职工作做好了，才有建议可提，才提得出建议。试想，一个对企业、对集体漠不关心的人，能让他提出什么合理化建议？

现代的企业，都建立了"建议奖"制度，目的是希望员工多多提出好的建议。比如在 IBM 公司，只要提出好的建议就付给报酬，即使你的建议微如芥豆，也能受到奖励。哪怕仅是改变了一下办公室的布置，也不例外。

卡佳是 IBM 公司的制图员，为了查找资料，每天要往资料室跑好几趟。又劳累又繁琐。有一次，卡佳看着办公室，突然想起可以调整一下办公室内办公桌椅的位置，让它们挨得紧一些，这样就腾出一块空间，可以放几个书柜储存资料了。

卡佳把这个想法向上司一说，上司觉得这个建议很好，就采纳了。此后，卡佳办公室的同事们每天再也不用跑资料室了，资料就放在办公室里，既节省了时间，又节省了精力，两全其美。

卡佳这个"改变房间布置格局"的建议成了一种创造，根据发明创造奖的标准，卡佳由此每年获得相当于纯节约额 2.5% 的奖励金额。

海尔以人为本，尊重员工的意见、建议，规定职工提出的合理化建议要逐一落实，并给予适当的物质奖励，还为此设立了海尔合理化建议奖。

海尔冷柜西安营销分中心的马莉萍永远难忘 1998 年。

"对你在营销分中心提出的节约办公费用的合理化建议，本部授予你群策群力创新奖。"当她接过用绸缎装饰的大红荣誉证书时，怎么也不相信，一条小小的合理化建议，却得到这么高的荣誉，而且还奖励了 200 元钱。

在平时的工作中，马莉萍发现信息员接收的文件、表格、传真比较多，每月花费在这方面的费用特别高，于是就自觉地将用过的文件、传真纸等收集起来，用反面打印报表，或接着做传真用纸。这本是件很小的事情，但营销分中心经理非常重视，非让她在"日清"会上向大家介绍介绍不可。果然，一个月下来的统计显示，仅传真用纸一项就节约资金 600 多元！

于是马莉萍在营销分中心经理的鼓励下，大胆地向本部提出了此建议，没想到本部竟然采纳了。此时马莉萍心中感慨：只要是好的建议，只要对企业有利，企业肯定就会采纳。

仅 2005 年，海尔员工提出的合理化建议就达 4 万条，创经济效益 7247 万元。

对于一个优秀员工来说，不是完成了本职工作就可以了，还要思考是不是做得好，符不符合公司的利益，有没有要改善的地方，若发现有存在的问题就要积极地提出来。

为公司、为老板主动提出合理化建议是一个员工应有的责任。但有些员工为了避免出差错而保持沉默，他们不是想不到好主意、好建议，而是觉得事不关己，不愿张口动手罢了。这样的工作态度，不仅埋没了自己的才能，失去了争上游的机会，也使公司错失了可能的"美玉"，多可惜！

提出金点子

在很多情况下，积少成多的小点子，能给公司运营带来质的飞跃。有两个管理学家在考察一家美国纺织品企业设在丹麦的工厂时发现，虽然这家工厂使用的纺织机械与全球其他地方没什么两样，但其工作效率却是其他公司的三四倍，而且同样的机器还能生产不同的布料，就连这些纺织机械的供货商也感到不可思议。奇迹是如何发生的？说起来也很简单，无非是在机器的某个部位安装了一个阀门，或者随时改变机器运作的压力，再在运送原料的流程中下点工夫，相同的机器就产生出了非同寻常的效益。

显然，这是员工想到的点子，并发挥聪明才智才实现的。

在世界第一大零售连锁集团沃尔玛的卖场门口总会有一位接待员在招呼顾客。这个制度原先只是一位分店店长个人的创意，但后来却变成沃尔玛经营的特色。

一次沃尔玛的领导者山姆·沃尔顿带着另一位主管，到位于路易斯安那州克罗利的一家分店巡视。一进门便看见一位老先生站在那儿，这位老先生一看到他们就说："嗨！您好！欢迎光临沃尔玛，如果有什么需要帮助，请尽管来找我。"

山姆·沃尔顿与这位主管感到很诧异，在沃尔玛的经营管理中，人员向来精简，要求员工所做的事都比同业多，为什么会有人的工作只是站在门口打招呼而已？两人于是驱前与他谈话闲聊。这位员工在知道他们的身份后，解释他这么做有两个目的：一是让顾客光临时感觉亲切，二是查看是否有人还没有结账就想带走货品。

两人感到很好奇，又问他为什么有这种想法。这位员工进一步说明，因为这家店顺手牵羊的问题非常严重，店长是位保守的生意人，一心想好好地照顾店内的商品，但又不想在门口设个警卫，因为这对诚实的顾客是个侮辱。所以想出这个点子，设一位接待员可以让那些想顺手牵羊的人知道，是有人在注意他的。

山姆·沃尔顿听了之后觉得这个主意很好，立即要求各个分店也这样做，在门口设立接待人员。这项要求虽然引起一些主管的反对，认为这是浪费人力与金钱，但是山姆知道接待人员的用意，是要传达温暖友善的讯息给顾客，也传递警告信息给居心叵测的人，所以他坚持到底，只要有会议或公开场合，一定都会谈到有关设立接待人员的事。终于这项制度成了沃尔玛的特色，也成为同业竞争者争相效仿的做法。

一个好员工应该主动提建议，为不断提升公司的经营管理多出"金点子"，为企业寻求良性和快速发展尽自己的一份力。只要自认为对公司有帮助的建议，就要大胆地提出来。即使自己的提议被否决了，也不必因此而耿耿于怀。因为你主动建议是站在老板的角度上，替公司着想的。老板会认为，你是个能提出好建议的员工，而且认为，你是个无论成败都能保持心情舒畅的乐天派。这样，以后你还有许多提出建议的机会，同时展示自己的机会也绝不会少。要相信，你多提合理化建议，可以让你的价值在老板心目中水涨船高。

你的工资从哪里来？

一个处处为公司着想的人，会站在公司的立场上，以为公司创造利益为出发点，一个积极的工作方式就是给公司多出点子，出好点子。为公司提出好的建议，能给公司带来巨大的效益，同时也能给自己创造更多的发展机会。

2. 勇于创新，不断为公司增值

有一位记者曾问李嘉诚这样一个问题："为何你几十年的成功积累还不如比尔·盖茨的几年暴富？"

李嘉诚在感慨"后生可畏"的同时，坦率地承认比尔·盖茨掌握了这个年代最为稀缺的资源：创新精神和创新能力。李嘉诚说：创新可以让一个"新品"在一夜之间战胜一个畅销几十年的"名品"。"新品"来自何方？来自创新人才之手。

美国著名心智发展专家约翰·钱斐说道："创新能力是一种强大的生命力，它能给你的生活注入活力，赋予你生活的意义。创新能力是你命运转变的唯一希望。"

社会每前进一步，历史每翻开一页，无不留下人类创新的脚印。创新是财富的源泉，无数的例子告诉我们：创新，也只有创新，才是成功的第一要素。如果有人说一个年薪50万元的人的能力和素质是10个年薪5万元的人的素质和能力的总和，你会说他幼稚；但如果有人说，一个年薪50万元的人的创新能力是一个年薪5万元的人的10倍时，你还会不会笑他？人们清楚：50万元年薪的人未必有10倍于5万元年薪人的"料"，但却完全有可能有10倍于或者10倍以上于5万元年薪的人的发展速度。因为创新能力所产生的威力是谁也说不清的。

打破常规，不按常理出牌

在一般情况下，人们总是惯用常规的思考方式，因为这可以使我们在思考同类或相似问题的时候，省去许多摸索和试探的步骤，能不走或少走弯路，从而可以缩短思考的时间，减少精力的耗费，又可以提高思考的质量和成功率。但是，这样的思维定势也会起一种妨碍和束缚的作用，它会使人陷入旧的思维模式的无形框框中，难以进行新的探索和尝试，因此，我们应当敢于打破常规，摆脱束缚思维的固有模式。

打破常规，不按常理出牌，突破传统思维的束缚，哪怕是一个小小的创意，也可能会产生非凡的效果。

日本东芝公司的技术人员的一项小发明，扭转了公司经营不利的形势，帮助公司走出了低谷。

在日本，小企业由于自身实力不强，在竞争中往往处于不利的地位而处境艰难，甚至被大企业挤垮。然而大企业也不是可以高枕无忧的，如果不注意经营管理，不重视开发市场，大企业也会面临从市场上被挤走的危险。电器行业中与松下、新力、日立齐名的东芝公司就曾出现过这种情况。

东芝公司依仗其雄厚的资本，先进的技术，在重工业领域内地位显著。但是由于公司过于依赖他们在重工业电气设备的制造和销售方面占有的优势，而忽视了另一个重要而广大的市场，这就是家用电器市场。公司的决策者没有看到，新技术的发展在家用电器方面得到了广泛的应用，给高消费的社会带来巨变，家用电器逐步占据了广阔的市场。等他们意识到这一点时，在轻工业电器制造与市场占有率方面已经落后了一大截。这种战略上的失误使东芝公司陷入了前所未有的危机之中：赤字接连不断，股票价格连续下跌，公司内部一度处于混乱之中。

东芝公司意识到，他们不能单吃重型电器的老本，不能眼巴巴地看着同行在家电领域里大展宏图而自己却无动于衷。但开发新型家电谈何容易，资金不足，技术人员长期偏重大型电气设备而对家用电器的开发经验不足，模仿别家产品只能跟在别人后面，又不能侵犯专利权。但天无绝人之路，东芝公司的经营由于技术人员的一次偶然发现而有了转机。

公司有个技术小组，一行8人到宇奈月温泉去考察重型发电机的使用情况。他们在当地的旅馆住下，晚上在房间里闲来无事，便凑到一起聊天。时值冬季，天气寒冷，大家边烤火边聊天。忽然他们被当地别具一格的取暖炉吸引住了。普通的取暖炉是一个木框罩子，下面放一个火盆。火盆与木框罩是分离的，要将取暖炉换个地方时，必须分两次搬运，先搬木框，再移火盆，很是麻烦。而这里的暖炉与普通的不同，它在木框罩子下面做了一个白铁皮抽屉，抽屉里放着木炭和煤球，抽屉与木框连成一个整体，这样就可以一次性地搬运整个暖炉。同时，由于这个暖炉下面的抽屉不是像火盆那样敞着口，所以还可以把脚伸到木框里面取暖。大家的话题于是便转到取暖炉上来。一位技术人员灵机一动，想出一条妙计："这个取暖炉用起来比普通取暖炉要方便多了，咱们是搞电器的，用镍铬丝来代替煤球怎样？这比用煤球要方便，而且还干净，用不着每次用时得先生火了。"这个意外的发现使大家兴奋不已，于是便热烈地讨论起来。

回到公司，这个技术小组向公司提交了关于电暖炉的设计方案，这个新颖的设计立即得到了公司的批准。经过试制，一种新型的电暖炉诞生了。东芝立即为它申请了实用新产品专利。由于这种新型电暖炉比原来烧煤球的炉子使用方便，而且干净，安全性高，很快受到家庭的欢迎，第一年就售出了 100 万台。东芝公司由此获得了很丰厚的利润。

电暖炉虽小却解决了大问题，东芝公司以此为转机，逐渐恢复了元气，并打入家用电器市场。为日后进入全盛时期创造了一个良好的开端。更重要的是：虽然小小电暖炉的能量是有限的，但小发明激起的精神能量是无限的。东芝由此树立起信心，掀起了一个创新的高潮。

世界万物无不处于变化之中，时代和社会不断变化更新，人们的消费心理也在不断改变与更新。如果一直照着原来的方式去做，不论做什么都"以不变应万变"，企业肯定会难以为继。

创新是人类社会进步的客观要求，而要摆脱和突破常规思考的束缚，常常需要付出极大的努力。我们必须摆脱惯有的思维定势，变换一下做事的方法，有些问题运用传统的常规方法理解确实很困难，但如果放开思路，打破常规，发散思维，问题也许会顷刻间迎刃而解。

不要墨守成规

没有一个公司需要墨守成规、不思进取、不敢改变的员工。改进自己的工作方式，创新自己的工作思路是每个员工必须努力去做的事。要想成为最能为公司创造效益的员工，首先你必须具有主动思考、主动改变、主动创新的意识和能力。唯有改变和创新才能实现工作效率和工作质量的飞跃。

一家规模不大的建筑公司在为一栋新楼安装电线。有一处地方，需要他们把电线穿过一根 10 米长，但直径只有 3 厘米的管道，而且管道砌在砖石里，并且弯了 4 个弯。他们开始感到束手无策，显然，用常规方法很难完成任务。

后来，一位爱动脑筋的装修工想出了一个非常新颖的主意：他到市场上买来两只小白鼠，一公一母。然后，他把一根线绑在小公鼠身上，并把它放在管子的一端。另一名工人则把那只小母鼠放到管子的另一端，并轻轻地捏它，让它发出吱吱的叫声。小公鼠听到小母鼠的叫声，便沿着管子跑去找它。它沿着管子跑，身后的那根线也被拖着跑。因此，工人们就很容易把那根线的一端和电线联在一起了。就这样，穿电线的难题顺利地得到解决。这位爱动脑筋的装修工，也因为创新得到老板的嘉奖。

职场上，有许多条条框框约束着我们的思维和行动，但只要你有勇气和力量，这些条条框框是可以打破的，并且会取得惊人的成绩，也会得到老板或上司的承认。但如果你没有勇气突破，总是泥古不化，按图索骥，那等待你的只有失败。

一盎司的创意带来无以计数的利润

比尔·盖茨说："好的创意如原子裂变，每一盎司的创意都会带来无以计数的商业利润。"

现代商场竞争激烈，公司要从众多的竞争对手中胜出，重要的手段之一就是不断有新的创意以提高管理效率，降低生产成本，扩大企业声誉。很多公司中非常经典的创意都是公司内部员工为企业完成的，当然"投之以桃，报之以礼"，他们也因为出色的创意而深受公司器重，并得到丰厚的回报。

比如，海尔集团鼓励员工创新，在这种机制和文化下，海尔涌现出很多勇于创新的功臣。

海尔集团员工张亮亮发明的"七头六臂"焊接工装，可以同时使用6把焊枪，免除了焊工来回奔跑之苦，工作效率大幅提高。

空调器厂喷粉车间操作工王涛，发明了并联式挂具法，由过去一个挂具挂20个固定片，增加到能挂100多个固定片，工作效率提高了5倍，使一个班组2天完不成的任务，现在仅用2个小时就完成了。

李少杰是海尔集团众多争创一流员工中的一员，面对目前世界最先进的钣金生产线，他硬是将钣金线的节拍从25秒/台提高到创世界纪录的18.5秒/台。为此，李少杰和其他9位表现突出的员工被企业评为2004年度海尔功臣。

海尔集团有一位女员工在生产线上做电脑板焊接，用的焊枪是进口的，但是用不了多久焊芯就会烧坏，坏了就得换焊枪，1000多元一把。她和做钳工的对象商量：能不能换个芯接着用？半年后，这位钳工逛电子城时发现了一种芯，三块五一个，买回来装上能用。这位女员工因此获得了当年的年度创新大奖。

张润贤是1998年加盟海尔空调事业部的一名大学生。张润贤最初被分配到空调三分厂实习时，暂时负责卫生工作。作为一名大学生，他理解海尔集团的用人机制，因此对公司的安排，没有丝毫怨言。在踏踏实实干好本职工作的同时，他总会抽时间向车间的工人师傅们请教。当他看到工人们总是紧张地进行水检漏工作（空调生产的一道工序）时，他犯了琢磨：能不能改变这种现状呢？经过调查研究，他发明了一个新的设备——三通水检仪。经过验证，这项发明可以将水检漏工序的工作效率提高 2 倍，而消耗却降为原来的 1/3。凭着这种工作热情和创新精神，张润贤在同事中脱颖而出。

海尔员工通过创新，把自己的荣誉、事业、智慧与企业发展紧紧地结合在一起。正是由于这些员工的创造性劳动，海尔每天都有新的进步和超越。

我们再来看下面这个例子：

如果每个工人一天 11 个小时只能贴 300 箱奶饮料的英文小标签，那么一批 6000 箱的出口饮料的英文小标签就需要安排 20 个工人贴一个日班。按每个工人 200 元一天计算，就需要付出 4000 元人工费。

过去，为了贴英文小标签，出口奶饮料必须在流水线的最后一道封箱环节前从生产线上搬下来，运进仓库，然后由工人在仓库里将奶饮料从箱中取出，并在每一排饮料上贴上不干胶英文小标签，最后手工封箱叠包。饮料公司每月都有十几个集装箱的奶饮料出口。但是随着出口量的激增，为了保证货物能尽早在国外上市，从国外客户下购货订单，到订舱出货之间的时间往往比较紧张。因此，提高出货速度，降低出口生产成本，成为饮料公司亟待解决的问题。

不久前，饮料公司员工受到国内每排饮料都赠送童装卡、课程表的启发，将英文小标签进行了改动，由不干胶改为铜版纸，长度减少，宽度增加，厚度增加，标签成本减少了一半。只要产品进入大膜机前由操作工在放塑料吸管的同时放上一张英文小标签，待大膜机收缩封口后，英文标签就被牢牢固定在每排饮料上……如此一来，出口奶饮料的生产流程和国内奶饮料的生产流程没有区别，出口生产成本大大降低。

上面的事例说明，一个创新可以实现对整个企业经营持续不断的改善，从而获得巨大的成效。虽然每一个创新看上去都很小，但是这儿一个小变化，那儿一个小改进，则可以创造出完全不同的产品、工序或服务。而这种创新却是简单的，让人一看即明：原来是这样，我怎么没有想到。

管理大师彼得·杜拉克说："行之有效的创新在一开始可能并不起眼。"而这些不起眼的创意，往往能够造就创新的灵感，从而能让一件简单的事情有了一次超常规的突破。

开拓、创新是人类进步的推进器，是企业活力的源泉。具有开拓创新能力是优秀员工的重要标志。员工不仅能运用自身掌握的知识、信息以及根据所处的环境以常规方式来处理大量的事务，更重要的是要能从已知的大量知识、信息中通过鉴别、分析、判断，权衡利弊的果断决策等手段设计一种全能、正确、高效的方法来处理、解决问题，以达到工作效率和经济效益的最大化，为企业的超常规发展做出贡献。

你的工资从哪里来？

比尔·盖茨说："好的创意如原子裂变，每一盎司的创意都会带来无以计数的商业利润。"公司中最有价值的创新往往是员工完成的，"投之以桃，报之以礼"，他们也因为出色的创新而深受老板器重，并得到丰厚的回报。

*3.*把好产品质量关

对一个企业来说，产品质量极为重要。它不仅关系到企业的信誉，而且直接影响着企业的市场销售和经济效益。因此说质量是企业的生命，是企业的命脉。

要保证生产的产品品质优异，并不断提升产品质量，打造企业品牌，这不光是产品质量管理部门的事，而应当是所有部门和全体员工共同的事，是大家共同的责任和职能。"产品连着你我他，打造品牌靠大家。"从普通员工、班组长、主管、经理到总监、总经理，人人都要牢固地树立产品质量意识。因此每一个员工，无论在什么岗位上，时刻都要把质量问题放在心上，为企业生产合格的产品尽好责、把好关、服好务。

追求品质零缺陷

被誉为全球质量管理大师、"零缺陷"之父和伟大的管理思想家的菲利普·克劳士比，早在 20 世纪 60 年代初就提出了"零缺陷"思想。

克劳士比认为，精益生产管理就是对品质追求零缺陷率，追求客户100% 的满意。以往谈到精益生产管理时往往偏重于介绍精益生产中生产标准化、物流、看板、标准作业等方面的内容，而目前谈到精益生产管理的一个基本前提是不能以牺牲产品的安全性和品质为代价去提升绩效。如果产品出现百万分之一的品质不良，那就意味着送到客户手中的产品会有100%的品质不良。

面对竞争日益激烈的市场环境，企业必须树立顾客利益至上的思想，完全满足客户的需求和期望，这就要求任何公司产品的质量都不允许出现半点瑕疵，对产品的品质追求"零缺陷"。因为"差不多就好"，对产品质量进行妥协，都可能对顾客造成百分之百的损失，而这对公司信誉造成的损失更是巨大的。

在我国企业中，海尔的"零缺陷"质量标准为其他企业树立了典范。

海尔集团董事局主席、首席执行官张瑞敏说："有缺陷的产品，就是废品！"

1985年，张瑞敏刚到海尔（时称青岛电冰箱总厂）。那时，冰箱的需求量比供应量大得多，海尔生产出来的任何产品都能轻松地卖掉。1985年4月，张瑞敏收到了一封用户的投诉信，说买的海尔冰箱质量有问题。张瑞敏觉得问题很严重，突击检查了仓库中的产品，发现共有76台冰箱存在各种各样的缺陷。

在研究处理办法时有人提出两种意见：一是作为福利处理给本厂有贡献的员工；二是作为"公关手段"处理给经常来厂检查工作的工商局、电业局、自来水公司的人，拉近他们与海尔的关系。张瑞敏说："我要是允许把这76台冰箱卖了，就等于允许你们明天再生产760台这样的冰箱。"

后来，海尔搞了两个大展室，展览了劣质零部件和76台劣质冰箱，让全厂职工参观。参观完以后，张瑞敏把生产这些冰箱的责任者留下，他拿着一把大锤，照着一台冰箱就砸了下去，把这台冰箱砸得稀烂，然后把大锤交给责任者，把76台冰箱全部销毁了。

当时在场的人都流泪了。虽然一台冰箱当时卖800多元钱，但每人每个月的工资才40多块钱，一台冰箱是很多人两年的工资。

那时海尔还在负债，当时冰箱也很贵，并且这些冰箱也没有太大的毛病，有的冰箱只是在外观上有一道划痕。张瑞敏的这一举动在当时令很多人难以理解。但是，正是这一锤砸碎了过去陈旧的质量意识，让全厂员工明白了：没有严格的立厂之道，就没有海尔的前途。在海尔，有缺陷的产品就等于废品。

"精细化，零缺陷"很快成了海尔全体员工的信念。员工们一改往日马马虎虎、将就凑合的工作方式，每一个人在每一个生产细节上都精心操作。正是因为秉持着"高标准、精细化、零缺陷"的管理理念，使海尔集团赢得了良好的口碑，赢得了消费者的忠诚。

有一则"提升降落伞品质妙方"的故事，这个看似笑话，其实是一个产品质量追求零缺陷的经典事例。

有一家生产降落伞的工厂，他们制造出来的产品从来都没有瑕疵，也就是说他们生产的降落伞从来没有在空中打不开的不良纪录。其品质无与伦比，驰名中外。

有一位记者非常好奇，他觉得怎么有可能工厂生产的降落伞完全没有任何的疏失或破损，在千辛万苦的打听下，他终于找到这家工厂的负责人，希望能够藉由采访的过程，打探出生产零缺陷降落伞的秘诀，并将之在报刊上大肆报道宣传一番。

记者首先恭维老板的英明领导与经营有方，随后简洁扼要地说明来意，老板用很平常的口吻说："要求降落伞品质零缺陷是本公司秉持的一贯政策，想想看，在离地面几千英尺的高空上，万一降落伞有破损或打不开的话，那么使用者在高空跳落过程中岂不是魂飞魄散，那真是叫天天不应，叫地地不灵，人的生命根本就没有受到应有的尊重！"话毕，老板只是漫不经心地说："生产这类产品其实并没有所谓的奥秘！"

老板的话令记者一脸狐疑，他仍不死心地追问："老板您客气了，我想其中一定有诀窍，否则贵工厂怎么有可能维持这么高的品质？"

这个时候，老板嘴角露出一抹微笑，他淡淡地说："哦！要保持降落伞零缺陷的品质，其实是很简单的，根本就没有什么艰深难懂的大道理。我们只是强烈要求，在每一批降落伞要出厂前，一定要从整批的货品中随机抽取几件，将它们交给负责制造该产品的工人，然后让这些工人拿着自己生产的降落伞到高空进行品质测试工作……"

从上面的故事可以看出，追求"零缺陷"表达的是一种绝不向任何不符合最高要求的做法妥协的决心。它要求人们努力工作，把工作当作自己的事情来做，把产品质量看成与自己的生命一样重要，达到"零缺陷"的境界。为了实现"零缺陷"，组织或个人必须符合顾客要求，预防缺陷产生，保证交付一次合格。因为"零缺陷"是预防出来的，而不是检验出来的。而预防则可以防止某些缺陷的发生，只有预防，才能产生高质量。

员工要建立一种"不害怕任何错误、不接受任何错误、不放过任何错误"的零缺陷心态，自动自发地在工作中找差距、挖隐患、挑毛病、揭问题、查原因、找根源，层层把关、步步提高，把问题一次性地解决在企业内部，不给客户制造任何麻烦，不留任何隐患，高起点才会有高成果、高效率和高效益。

第一次就把事情做对

"质量一次就做对"，这句话的深层含义是，在推出产品时"第一次就把事情做对"。第一次就把事情做对，那些浪费在补救工作上的时间、金钱和精力就可以避免，生产成本也会大大降低。就质量的经济成本而言，事后弥补错误比起提前防范错误所花的代价要大得多。

菲利普·克劳士比在《零缺点的质量管理》中说："质量是免费的，虽然它不是礼物（可以不劳而获），却是免费的。真正费钱的是不合质量标准的事情——没有在第一次就把事情做对。在美国，许多公司常把相当于总营业额 15%～20% 的费用花在测试、检验、变更设计、整修、售后保证、售后服务、退货处理，以及其他与质量有关的成本上。"

比如，我们在组装产品时，如果一个缺陷在其生产现场得到纠正的成本为 10 元，在组装完毕后纠正的成本估计为 100 元，那么发到客户现场安装时派维修人员去处理的费用可能就是 1000 元，而因事故给客户造成的损失可能就是 10000 元，甚至更多。

有一家公司的老总经常这样计算：假如"第一次就把事情做对"，那么成本会降低多少元，效率会提高多少倍。企业的利润很微薄，我们公司产品的净利润只有 3.25%。而假如"第一次就把事情做对"，我们的成本会降低 1.8%～2.6%，相当于把公司利润提高了 55%～80%！换句话说，在我们公司，如果"第一次就把事情做对"，等于运作一年就赚了一年半以上的利润！假如把这些"多余的利润"拿出一部分（比如 20%）奖励那些"第一次就把事情做对"的员工，公司上下的工作态度和工作效果会怎样？在你的严格要求下，你的部下的思维、做事态度会怎样？他们将来的职业生涯的发展前景会怎样？

克劳士比的质量管理思想非常简单明了："第一次就把事情做对。"这个要求也许令人疑惑：怎么可能第一次就把事情做对呢？人又不是神仙，怎么可能不犯错呢？不是允许合理的误差吗？不是允许一定比例的废品吗？

但是从丰田公司的全面质量管理和准时化生产中，人们会惊奇地发现，原来，第一次就把事情做对不仅是可能的，而且是一定能做到的。想想看，整条流水线上，每一个零配件生产出来之后马上就被送去组装，因为没有库存，任何一个环节出了质量问题，都会导致全线停产，所以必须百分之百地"第一次就把事情做对"。

以生产水泥的工厂为例，企业生产水泥，是一环扣一环的，每个环节都很重要。单就生产这一块来说，从开采矿石到包装有多少道工序，有多少人在付出艰辛的劳动。不管在哪道工序卡住了，产品都出不了厂门，进不了市场。有一个人工作不认真，质量意识不强，他的那一道工序没做好，水泥可能成为次品，其他人付出的艰辛劳动都是白搭。

"第一次就把事情做对"，它并不是说人不可以犯错误，而是指对待工作必须有一种坚持第一次就做对，符合所有要求的决心和工作方式。对待错误，即使是微不足道的差错，也绝不放过，一定要找出原因，避免再次出现。

高质量来自零缺陷的产品，"错了再改"得花费更多的金钱、时间与精力，强调"第一次就把事情做对"非常重要。每一个人若在自己工作中养成了这种习惯，凡事先做好准备及预防工作，认真对待，防患于未然，在很多情况下就不会发生质量问题了。因此，追求产品质量要有预防缺陷的观念，凡事第一次就要做好，把"第一次就把事情做对"当作工作准则。

高质量的产品是高素质的人制造出来的

在海尔，流传着这样一个故事：在海尔总部接受完系统的产品知识培训后，来自巴基斯坦的海尔人开始走进洗衣机事业部生产车间实习。刚刚走进生产现场的巴籍海尔人斯得瓦特·犹拉对洗衣机组装工艺及操作非常感兴趣，而且学习得非常认真，技术掌握得非常快。在师傅的现场指导下，犹拉很快就可以非常规范地使用气枪上螺丝钉了。看到犹拉的操作那么娴熟，师傅们都对他满意地点着头。忽然间，犹拉停止了操作，把手中的一枚螺丝钉拿给师傅看："这枚螺丝钉是不合格的，不能用。如果用上了，会影响产品质量！"

原来，犹拉在刚来海尔总部接受企业文化和产品质量培训时，对师傅讲的"任何有缺陷的产品都是废品"这句话印象特别深刻。

"经过几天的现场实习，我发现每个员工都是按最高质量标准在工作，上一道工序有问题绝不放到下一道工序。我们一定要把海尔这么好的做法带回巴基斯坦，生产出和总部一样高质量的产品来，因为这就是标准。"拿着那枚螺丝钉，犹拉深有感触。

事实上，产品是由人制造的，高质量的产品是高素质的人制造出来的。因此，产品质量取决于工作质量，在产品设计质量确定的情况下，产品合格率将主要由工作质量决定，即工作的准确率将是产品合格率的保证，而工作由多个工作过程构成，每个过程又由多项工作活动和动作构成，人所做的每一个动作，他的完成往往是由人的意识控制的，员工的质量意识强、素质高，工作动作完成的质量就高。因此，产品质量最终是由员工素质决定的，检验只是事后保证，再严格的检验，也检验不出高质量的产品。提高员工素质是提高企业产品质量的根本。

员工是企业经营和发展的基础。技艺熟练、工作认真负责、爱岗敬业、爱厂如家、品德优秀的员工是制造优质产品的根本保证。只有高素质优秀的员工，才会将工作视为一种快乐、一种责任，视产品质量为生命，视顾客满意为个人最高目标，视集体利益高于个人利益，具有"厂兴我荣，厂衰我耻"的整体观念。一个技艺较差、责任心不强、不思进取的员工，可能会因为缺乏责任感而对工作漫不经心，导致产品的品质低劣。知识和技术水平是可以充实和提高的，但是，工作不负责任、马马虎虎却是一个态度问题，这就要求全体员工都以主人翁的姿态认认真真地工作，实现产品的"零缺陷"才会成为可能。

你的工资从哪里来？

每一个员工都是质量管理运动中的一个重要成员，把好自己岗位的质量关，不要让不合格的产品进入下一道工序，这是每一个员工的职责。员工工作的好坏直接影响着产品的质量，要想体现出个人价值就必须在提高产品质量上下工夫。

*4.*安全无小事

安全生产，关系到公司生产、经营、管理的最终结果，关系到公司获取利润的大小。一颗没有上紧的螺丝、一个没有来得及保养的轴承、一次没有到位的巡检、一次违章操作……都是公司的"利润杀手"，是我们的"工资杀手"。尽职尽责地工作，做到安全生产是公司获取利润、员工得到薪酬的前提条件。

安全无小事，小患酿大祸

"安全无小事，小患酿大祸"，许许多多的大事故是因小事而引发，因小患而造成的。在工作中，有的人总是忽略工作现场的小问题或小隐患，结果酿成大事故，给企业带来损失，给家庭带来损害。

"千里之堤，毁于蚁穴；百尺之室，以突隙之烟焚。"意思是说，蚂蚁的小小洞穴会溃决千里大堤，从烟囱缝隙中冒出的火花，能烧毁百尺广厦。它告诫人们切不可忽视小隐患，小患不除必有大祸。在生产过程中，一些安全事故之所以发生，往往是忽视了某些细枝末节，致使"小毛病"发展为大问题，小漏洞酿成"大悲剧"，最终导致企业和个人都付出了巨大代价。

　　一家做指甲剪的五金厂，生产产品的第一道工序就是冲压，要用具有几十吨压力的冲床把钢板压铸成产品的毛坯，再用冲床的压力把一些雕刻有产品品牌、型号的钢字模字样压在毛坯的表面。因为在这项工作中需要工人手工操作，危险性很高，稍不注意就会有冲床压到手指的事故发生，所以工人们在操作时都很谨慎。

　　有一次，一台冲床坏了，需要更换一颗螺丝帽，负责维修这台冲床的师傅没有找到同样型号的新螺帽，就先用一颗旧的换了上去。没想到，就因为这颗小小的旧螺帽，使冲床打滑，出人意料地砸在了一个操作工的手上，把那个工人的两个手指给砸断了，为此工厂赔偿了一大笔医药费，那个工人也因此而残废。

　　毫无疑问，一颗螺帽是不起眼的，可就是这颗小小的螺帽引发了一场血淋淋的事故；而对于那个修机人来说，没有合适的螺帽，用一颗旧的先顶一下也只不过是一件小事，但就是这件他认为是小事的事最终却酿成了"大事"。这不得不引起我们的反思：如果这个修机人重视了工作中的每一个细节，把每一件小事都认真地做好，就不会导致这场悲剧的发生。

　　小题大作常用来比喻一些人借题发挥，把不值得一提的小事当作大事来办，结果劳心费力不讨好。的确，在生活中确实有些事情不必小题大作，但安全工作应该提倡"小题大作"。如在施工现场不戴安全帽、登高作业不系安全带、管路上面任我行、堵塞安全通道、对生产设备不按规定进行检修等，往往都是悲剧发生的根源。因此，做好安全工作要善于从小事抓起，从点滴做起，严格要求，一丝不苟，只有这样才能筑牢安全生产的大堤。

安全意识一日不可淡漠

安全，是一个永远不会消失的话题。安全生产的重要性，每一个员工都非常清楚，可有多少人在工作中做到真正意义上的安全生产了呢？

影响安全有物质的因素，有人的因素，而绝大多数事故是由人的不安全行为引起的。许多安全事故和人的不安全行为往往都不是员工故意作为，而是由于安全意识淡薄、安全素质不高造成的。只有广大员工尤其是生产一线员工的安全意识和技能得到提高，才能为公司安全生产提供保证。

美国有一家以极少炒员工著称的公司，一天，资深的熟手车工杰瑞为了赶在中午休息之前完成三分之二的零件加工，在切割台上工作了一会儿之后，就把切割刀前的防护挡板卸下放在了一旁，没有防护挡板收取起加工零件来更方便快捷一点。

大约过了一个多小时，杰瑞的举动被无意间走进车间例行巡视的主管逮了个正着。主管雷霆大怒，除了目视着杰瑞立即将防护挡板装上之外，还站在那里大声训斥了半天，并声称要作废杰瑞一整天的工作量。

被主管训斥一顿之后，杰瑞以为结束了，没有想到，第二天一上班，有人通知杰瑞要他去见老板。在那间杰瑞接受过好多次鼓励与表彰的总裁室，杰瑞听到了要将他辞退的处罚通知。

总裁说："身为老员工，你应该比任何人都明白安全对于公司意味着什么。你今天少完成的零件，少实现的利润公司可以换个人或换个时间把它们补起来，可你一旦发生事故失去了健康乃至生命，那是公司永远补偿不起的……"

离开公司的那天，杰瑞流泪了，工作的几年间，杰瑞有过风光，也有过不尽如人意的地方，但公司从未有人对他说过不行。可这一次不同，杰瑞知道，这次他碰的是公司的灵魂——安全。

从实际情况来看，企业生产过程中出现的事故 95% 以上都是由违章操作、违章指挥和违反劳动纪律造成的。

我们在日常工作中常常发现一些习惯性违章屡禁不止，一些安全隐患得不到及时消除。究其原因，就是因为有些人员的安全意识淡薄，侥幸心理作祟，不良行为已成了一种思维定势。

2007 年一季度，南宁市建筑工程现场共发生 4 起重大安全事故，重伤 2 人，死亡 2 人。安全意识淡薄是发生事故的主因：多数施工工人对没有进行安全生产培训及没有签订用工合同不以为然；不少民工在没有采取任何保护措施下高空作业；还有一些收废旧品的人无视工地外围的警示牌，径直走进施工区拾捡东西……这一幕幕令人心惊肉跳的场面，他们自己却早已习以为常。他们也许觉得，系安全带、戴安全帽这类措施没有必要，殊不知，正因为在这些细节上图省事，最终让他们悔恨终生。

"安全"，我们重复了千百遍的字眼，难道真的是那么遥不可及吗？我们只要留心观察一下，就会发现许多大事故的起因其实非常简单，也许就是一次不经意的违章操作，也许就是多喝了一口酒，也许就是一个不起眼的继电保护器等。正是由于安全意识的淡薄，侥幸心理的驱动，让"高高兴兴上班去，安安全全回家来"这句妇幼皆知的话语成了泡影。

安全生产不是口头上的承诺，也不是书本上的大话，而是实际工作中的每一个行动，是一种踏实的工作态度，是我们为企业、对自己负责的一种永久性的表现。

一个企业的安全生产依赖于每一位员工，我们必须从思想上重视安全生产，树立起牢固的安全意识，充分认识到安全生产与企业效益和个人利益的关系。企业的每一位员工都是安全生产的执行者，无论哪一个岗位、哪一个人不重视安全工作而造成设备和人身的伤害都会影响企业的安全生产和经济效益。

每位员工都应该认识到"安全就是效益"，只有企业效益好了，我们才能得到更好的福利。只要我们人人都树立起牢固的安全生产意识，真正做到安全生产，就是为企业创造了价值，为个人获得更好的待遇打下了基础。

安全意识关系到企业和全体员工的利益，也关系到企业的形象，不管形势如何变化，"安全第一"的方针不能动摇。我们要把安全意识融入心灵中，严格遵守安全生产的有关规定和落实安全生产责任制，打牢思想基础，提高认识，狠抓落实，防微杜渐，努力做到工作到位，安全措施到位，确保安全生产，确保完成经营目标。在每一天工作结束后我们都要反思一下：今天我做到安全生产了吗？

你的工资从哪里来？

每位员工都应该认识到"安全就是效益"，只有企业效益好了，我们才能得到更好的福利。只要我们人人都树立起牢固的安全生产意识，真正做到安全生产，就是为企业创造了价值，为个人获得更好的待遇打下了基础。

5.每天提高1%

为了做好每一个产品，张瑞敏要求员工"每天比昨天做得更好"。他打了一个很形象的比喻："把一块钱存到银行里，如果它的利率是1%，按复利计算，到70天的时候，连本带利就变成两块钱。如果每天工作都能比昨天提高1%，70天以后工作效率就会提高一倍。每个人都这样做，企业就会产生很大的威力。"

每天提高1%，或者说每天进步一点点，是走向成功的法宝。

1950年，美国企业管理学家戴明博士被美军司令麦克阿瑟将军举荐给了日本企业界，向日本企业家传授企业管理的"福音"。这个在本国不太受重视的管理学家在日本却大受欢迎，被日本松下、索尼以及本田等众多企业和企业家奉为管理神明。在他的影响下，日本这个一无资源，二无市场，三无创新技术的小国在战后奇迹般地崛起了，成为举世瞩目的经济强国。为表彰戴明博士为日本经济腾飞做出的杰出贡献，日本天皇授予他"神圣财富"勋章。

日本经济的迅速发展使美国企业感到了前所未有的压力。为什么日本人行而我们不行？为解开答案，美国人找到了戴明，向他发问：你究竟教给日本人什么"秘诀"，使日本的工业这么快崛起？

戴明说："也没有什么，我只是告诉日本人，每天进步1%。"

这是一个再普通不过的答案。但正是这个"每天进步1%"，才造就了日本经济腾飞的奇迹。

这 1% 是多么的微不足道，可是把这 1% 做好了，却能够彻底地改变一个企业的命运，甚至进而改变一个国家的命运，这不能不令人惊叹。

前洛杉矶湖人队的教练派特雷利在湖人队最低潮时，告诉 12 名球队的队员说："今年我们只要每人比去年进步 1% 就好，有没有问题？"球员一听："才 1%，太容易了！"于是，在罚球、抢篮板、助攻、抄截、防守一共 5 个方面都各进步了 1%，结果那一年湖人队居然得了冠军，而且是最轻松夺冠的一次。

有人问教练，为什么这么容易得到冠军呢？教练说："每人在 5 个方面各进步 1%，则为 5%，12 个人一共是 60%，一年进步 60% 的球队，你说能不得冠军吗？"

荀子说：不积跬步，无以至千里；不积小流，无以成江海。这句话与戴明博士说的是同一个道理。

对于一个员工而言，每天提高 1% 并不是一件很困难的事情，比如制作某种小型器具，你一小时能生产 100 个，把效率提高 1% 后，每小时就能生产 101 个。

开动机器，说干就干！你不需要对生产方法进行根本性变革，也无须有超人般的生产速度，只需稍微加把劲。当实现这一目标后，你会发现几乎任何事情要提高 1% 的效率都不难做到，而这少许的努力将产生不菲的回报。一天只提高 1%，365 天你的效率能提高多少倍你知道吗？（1 + 0.01）× 365 = 37 倍。

纽约的一家公司被一家法国公司兼并了，在兼并合同签订的当天，公司新的总裁就宣布："我们不会随意裁员，但如果你的法语太差，导致无法和其他员工交流，那么，我们不得不请你离开。这个周末我们将进行一次法语考试，只有考试及格的人才能继续留在这里工作。"

散会后，几乎所有人都拥向了图书馆，他们这时才意识到要赶快补习法语了。只有一位员工像平常一样直接回家了，同事们都以为他已经准备放弃这份工作了。可令所有人意想不到的是，当考试结果出来后，这个在大家眼中肯定是没有希望的人却考了最高分。

原来，这位员工在大学刚毕业来到这家公司之后，就已经认识到自己身上有许多不足，从那时起，他就有意识地开始了自身能力的储备工作。虽然工作很繁忙，但他却每天坚持提高自己。作为一个销售部的普通员工，他看到公司的法国客户有很多，但自己不会法语，每次与客户的往来邮件及合同文本都要公司的翻译帮忙，有时翻译不在或兼顾不上的时候，自己的工作就要被迫停顿。因此，他早早就开始自学法语了；同时，为了在与客户沟通时能把公司产品的技术特点介绍得更详细，他还向技术部和产品开发部的同事们学习相关的技术知识。

这些准备都是需要时间的，他是如何解决学习与工作之间的矛盾呢？就像他自己所说的一样："只要每天记住 10 个法语单词，一年下来我就会3600 多个单词了。同样，我只要每天学会一个技术方面的小技能，用不了多长时间，我就能掌握大量的技术了。"

成功就是每天进步一点点！

成功来源于诸多要素的几何叠加。正如数学乘式中每次只增加了 0.1，乘积将很快会成倍增长。

比如：每天都完成些小目标，向大目标靠近一点点；每天行动比昨天多一点点；每天创新比昨天多一点点；每天的效率比昨天高一点点；每次都力求比上次好一点点；每个细小的环节都进步一点点；每次发现问题，立即修正哪怕是修正一点点；将每天进步一点点当成企业文化，鼓励每个人，每天都进步一点点……假以时日，我们的明天与昨天相比，定会有天壤之别。

一个人，如果每天进步一点点，哪怕是 1% 的进步，一年便进步了 365%。试想，长期下来，有什么能阻挡得了你最终的成功？

你的工资从哪里来？

把一块钱存到银行里，如果它的利率是 1%，按复利计算，到 70 天的时候，连本带利就变成两块钱。如果每天工作都能比昨天提高 1%，70 天以后工作效率就会提高一倍。每天提高 1%，365 天你的效率就能提高 37 倍。

6.把不可能变成可能

职场上，很多人虽然颇有才学，具备种种获得老板赏识的能力，但是有个致命弱点：就是不主动接受"不可能完成"的工作。当一件看似"不可能完成"的工作摆在眼前时，就抱着唯恐避之不及的态度。结果可想而知，那就是终其一生，也只能平庸。而勇于向"不可能完成"的工作挑战的员工，是职场勇士，是企业最受欢迎的人。

世界上没有不可能的事

一个成功人士说："只要有无限的热情，几乎没有一个人不可望成功。"

职场上，那些业绩平庸的人，就是太熟悉"不可能"这个词了，总是说这不可能，那不可能，其结果是真的没成功，真的没有了可能。

美国布鲁金学会以培养世界杰出的推销员著称于世。它有一个传统，在每期学员毕业时，设计一道最能体现销售员实力的实习题，让学员去完成。

克林顿当政期间，该学会推出一个题目：请把一条三角裤推销给现任总统。在克林顿总统任职的8年间，无数的学员为此绞尽脑汁，最后都无功而返。克林顿卸任后，该学会把题目换成：请把一把斧子推销给小布什总统。

　　布鲁金斯学会许诺，谁能做到，就把刻有"最伟大的推销员"的一只金靴子赠予他。许多学员对此毫无信心，甚至认为，现在的总统什么都不缺，再说即使缺少，也用不着他们自己去购买，认为把斧子推销给总统是不可能的。

　　然而，有一个叫乔治·赫伯特的推销员却做到了。这个推销员对自己很有信心，认为把一把斧子推销给小布什总统是完全可能的，因为小布什总统在得克萨斯州有一个农场，里面长着许多树。

　　乔治·赫伯特信心百倍地给小布什写了一封信。信中说：有一次，有幸参观了您的农场，发现种着许多矢菊树，有些已经死掉，木质已变得松软。我想，您一定需要一把小斧子，但是从您的体格来看，小斧子显然太轻，因此您需要一把不甚锋利的老斧子，现在我这儿正好有一把，很适合砍伐枯树……

　　后来呢？后来，乔治收到了小布什总统寄来的 15 美元汇款，同时获得了一只刻有"最伟大的推销员"的金靴子。

　　乔治·赫伯特成功后，布鲁金斯学会在表彰他的时候说，金靴子奖已空置了 26 年，26 年间，布鲁金斯学会培养了数以万计的推销员，造就了数以百计的百万富翁，这只金靴子之所以没有授予他们，是因为我们一直想寻找这么一个人，这个人不因有人说某一目标不能实现而放弃，不因某件事情难以办到而失去自信。

　　很多事实证明，"不可能"的事通常是暂时的，只是人们一时还没有找到解决它们的方法而已。所以，当你遇到难题或困难时，永远不要让"不可能"束缚自己的手脚，有时只要再向前迈进一步，再坚持一下，也许"不可能"就会变成"可能"。而成功者之所以能成功，就是因为他们对"不可能"多了一份不肯低头的韧劲和执着。

抹掉"不可能"一词

世间很少有真正不可能做到的事，只是有还没有找到办法解决的事罢了。任何事，只要你去做，就没有不可能。

M 先生是欧洲最大的家电经销商之一。他亲自来到海尔集团，准备大批量订购海尔冰箱。但由于欧洲消费者对产品的外观设计要求与国内有较大差异，所以 M 先生要求海尔提供 6 种样品供他选择。

考虑到欧洲国家较多，消费者对冰箱的需求也各不相同，为了给 M 先生提供更多的选择，海尔决定把样品种数增加到 24 种。不过，M 先生要求提供样品的时间只有 5 天。可按常规，设计和生产 24 台样机需要一个月。这可能吗？

"可能！"负责提供样机的海尔事业部部长户效斌语气坚定地对部下说："我们绝不能对市场说不！困难的确大，但这正是体现我们海尔精神——把别人视为绝对办不到的事办成——的机会。"

5 天时间里，科研所的 6 名设计人员把自己封闭在实验室里，饿了，泡碗方便面；困了，趴在桌子上打个盹。熬红了眼睛、熬瘦了身躯，终于在第 5 天下午全部完成了 24 台样机的手工制作。

面对这些仅用 5 天时间赶制出的样机，M 先生被深深感动了。他高兴地说："这 24 种冰箱我全要，全部订货！"

"要学会把不可能变成可能！"海尔人经常用自己的行动向世界证明：中国的民族工业，是强有力的！

创造可以把不可能变为可能。有的时候我们的拦路虎就是想得太多，把可能变成了不可能。要把不可能变成可能，最可怕的障碍不是外界的障碍，而是我们自己给自己设置的障碍。

福特汽车公司的创始人亨利·福特决定生产 V-8 型引擎。这是一个创造性的想法，在当时，连底特律最杰出的工程师都认为这是不可能的——"要将 8 只汽缸铸成一个整体，这怎么可能呢？"但亨利·福特下决心无论如何也要生产出这种引擎。他对那群一筹莫展的工程师们说："只要去做，没有什么是不可能的。"

一年很快就过去了，工程师们几乎尝试了所有办法，就是无法攻破技术难关。他们找到福特再一次强调"这事根本不可能实现"。但福特并没有灰心，他命令工程师们继续去做。

奇迹出现了，工程师找到了办法，最终设计出了 V-8 型引擎。

很多时候，不是因为有些事情难以做到，而是你没有信心，只要你有信心，没有什么事是不能做到的。如果一个人总是以"不可能"来禁锢自己，那么他注定难有辉煌，最终将与成功渐行渐远。成功者的故事告诉我们，把"不可能"从你的词典中删去吧，即使我们真的碰到了"不可能"，我们至少可以这样认为：不是不可能，只是暂时还没有找到解决问题的方法。

一个成功者的一生，必定是同风险与艰难拼搏的一生。许多事情看似不可能，其实是功夫未到。记住这句话吧：只要去做，就没有不可能。

你的工资从哪里来？

成功者的词典里，没有"不可能"3 个字，把"不可能"从你的词典中删去吧，即使我们真的碰到了"不可能"，我们也要这样认为：不是不可能，只是暂时还没有找到解决问题的方法。记住这句话：只要去做，就没有不可能！

7.自信是业绩提升的关键

自信是职场成功的第一秘诀，古今中外，凡是能力上有发展，事业上有成就的人，都有一条成功的秘诀：自信。

自信心就像能力的催化剂一样，它可以将人的一切潜能都调动出来，将各部分的功能推进到最佳状态。自信的人在自信心的驱动下，敢于对自己提出更高的要求，在失败的时候能够看到希望，并最终获得成功。

一个人做事的水平，永远不会超出他自信所能达到的高度。信心多一分，业绩就会上升一个层次。对待工作，"没有困难要完成；有困难，克服困难也要完成"是优秀员工自信心的最佳表现。

一脚把自卑踩得粉碎

有一次，一个士兵从前线归来，将战讯递呈给拿破仑。因为路程赶得太急促，所以他的坐骑，在还没有到达拿破仑的营地，就倒地气绝了。拿破仑立刻写下手谕，交给这位士兵，叫他骑着自己的坐骑火速驰回前线。

这位士兵看看那匹魁伟的坐骑，及它的宏丽的马鞍，不觉脱口而出："不，将军，对于我这样一个平常的士兵，不配骑这么高贵、华美的骏马。"

拿破仑回答说："对于一个法国士兵，没有一件东西是不配享有的。"

职场上，有很多像法国士兵那样的人，他们认为自己的地位太低微，当老板交付他某项工作时，总认为自己没有能力做好而拒绝接受，好像天生就不配享受美好的东西似的，这种自卑自贱的念头正是阻碍他们成为优秀员工的最大障碍。

无论在办公室、实验室或工厂里，经常看到一些如此信心不足的人：他们一方面对别人头上的成功光环极为仰慕，另一方面却又把自己约束在自卑的生活模式中，挣脱不了妄自菲薄这一古老的圈套。

假如这时有人提出："你也来试一试吧！"十有八九，他们会把脑袋摇得像货郎鼓："哟，我不行！我不行！我不行……"

这种人无法摆脱自卑的纠缠，也根本无法达成自己的理想。而那些想成大事者，首先要做的一项工作就是拒绝与自卑纠缠，一脚把自卑踩得粉碎。

在职场中，总感觉自己不如别人，好像比别人低一等，轻视、怀疑自己的力量和能力，具有这种自卑心态的人是很难有所作为的。战胜了自卑的心态，其实就是战胜了丧失信心的自我。

自卑感并非无法克服，就怕你不去克服。纵观那些职场中的佼佼者，都曾经克服过自卑心理才取得一定的业绩的。他们能，你为什么就不能呢？

曾经有一名推销员，在他开始从事这份工作之前，也常为自卑感苦恼。每当他站在某位大人物面前，就会变得局促不安，总觉得站在人家面前的自己变得很渺小。他透露当时的心情说："在那些人面前，我觉得自己好像是个小孩。由于自卑作祟，当时我脑海里一片空白，原已演练多遍的推销辞令变成毫无章法的喃喃自语，结结巴巴地不知在说些什么。坐在他们面前，我只觉得自己不断地缩小，他们一个个都变成了可怕的巨人！"

"但这种现象我没让它持续下去，因为我警觉到如果不想办法摆脱自卑心理，工作就无法取得好的业绩，而且那时候我也快被自卑感逼至崩溃的边缘。但我又一想，如果把大人物看成是穿开裆裤的小孩子又会是什么情况？"

"从我开始有了这种想法，便开始尝试，没想到效果出奇得好。当然，他们并没有真正变成小孩子。自从能站在平等立场与他们交谈之后，我的心情变得轻松自然多了。从此之后，我的观念有了180度的大转变，自卑感也不见了！"

自卑是自信的俘虏，当你树立了自信后，自卑也就自然而然地烟消云散了。

乐观自信是成功者的特质

在一次与敌军作战时，拿破仑遭遇到顽强的抵抗，不仅队伍损失惨重，自己也因一时不慎掉入泥潭中，弄得满身是泥，狼狈不堪，形势十分危急。

可拿破仑对这些却浑然不顾，抱着无论如何也要打赢这场战斗的坚定信念，他爬出泥潭大吼一声："冲啊！"

他手下的士兵见到他那副滑稽模样，忍不住笑起来，但同时也被拿破仑的乐观自信所鼓舞。一时间，战士们群情激昂、奋勇当先，终于取得了战斗的最后胜利。

这个故事，给我们这样的启发：无论在任何情形下，都应保持乐观自信的心态。

要做到乐观自信并不难，平时敢于认同自己的优点，遇到困难或挫折时，以积极的心态尽快找出解决的办法，切忌自怨自艾。只有自己对自己充满信心，你的上司和同事才能对你充满信心。

乐观自信是成功者的特质。乐观自信，能使一个人潇洒自如地直面人生，以艰苦卓绝的奋斗精神改变自己的命运或是实现自己的人生价值。

一家小型企业在整个经济大环境不景气的情况下，困难重重，已经到了濒于破产的边缘。背负巨额债务，许多债权人威胁着要打官司，甚至有的已告上民事法庭。

这位企业家以为一切都完了，意志消沉，萎靡不振。他惧怕上班，甚至惧怕公司里的电话铃声。他只想躲起来，远离这一切。

有一天，他在报摊上随便翻看报纸，一则消息引起了他的注意。报上刊登了一则企业家购买破产企业重振旗鼓，获得成功的故事。

"他能做到的，我为什么不能做到呢？"企业家的心里重新点燃了对成功的渴望。他开始重新思考拯救企业的一切可能的办法。

第二天，他早早去了公司，召集全体部门负责人商讨对策。他要来了所有债权人的电话，开始给他们打电话：

"请您再宽延一些时间，我们正在想办法，我们绝不会不讲信誉……"他用真诚的态度去打动对方。

"你有新的资金？"

"你有了一大笔订单？"

"没有，但是我有了更加重要的东西：那就是重新振作的勇气和信心。"

真诚的恳求使债权人终于改变了态度，甚至有人实实在在开始帮他。

最终的结果可想而知。一切债务顺利还清，大笔的订单纷至沓来，企业起死回生了。

优异的业绩来源于十足的自信

自信表明了一种对自我能力、优势的认可与肯定；自信可以使一个人认为自己有能力冒风险，接受各种挑战和工作任务，提出要求并尊重承诺；自信是一个人无论面对挑战还是各种挫折时，通过完成一项任务或采用某种有效工作方式完成任务所表现出来的信念。

拥有自信，相信自己能终获成功，让自己置身于富有挑战性的环境中，就能获得更多的机会。那些充满自信、不断挑战困难、开拓广阔市场的员工，总能得到丰厚的回报。

有个以前从没做过营销业务的新人，进入公司两个月，都没有做成一笔业务。到发工资的那天，他做了一个让老板意想不到的举动：坚决不要工资！

他说："我没有做成一笔业务，感觉对不起公司，所以我不要工资。但是，我相信我肯定能行。"

他的这番话让老板很有感触，于是老板送了他一句话："总有一扇大门会为你打开。"

果然，经过他的努力，在第3个月的时候，他做成了一笔大业务。慢慢地，他越来越自信，业绩也越来越好。到第8个月，他成了部门主任；一年后，被任命为总经理助理。

自信者总认为自己能成功。当你有这种自信时，积极的心态无时无刻不在暗示着你朝这个目标前进，你的行动、感觉、信念都会往好的方面发展，让你成为一个更出色、更优秀的人。

前世界拳击冠军乔·弗列勒每战必胜的秘诀是：参加比赛的前一天，总要在天花板上贴上自己的座右铭——"我能胜！"

你自信能够成功，成功的可能性就会大大增加。每当你相信"我能做到"时，自然就会想出"如何去做"的方法，并为之努力。

作为一名职场员工，在什么情况下，都要对自己充满信心。不管面对怎样的挑战，都要对自己说："我很棒，我是最好的，我每天都能取胜，我每天都会创造更高的业绩。"

坚信自己能够成功，是取得成功的绝对条件；坚信自己是胜利者，最后才有可能成为一个胜利者。无论何时，无论从事何种工作，你都要确保自己有一颗自信的心。它是你最可靠、最有价值的成功资本，它将决定着你取得成就的高度。

你的工资从哪里来？

日本知名的企业家土光敏夫说："原本只能获得60分的事情，假如你坚定意志，充满信心地去做，很可能就会产生80分的效果。"那些充满自信、不断挑战困难、开拓广阔市场的员工，总能得到丰厚的回报。

8.对每个疑问都有寻根究底的精神

优秀员工对每个疑问都有一种寻根究底的精神，每当遇上难题，都会不惜一切地追根究底，直接找到问题的核心，从而把问题解决。

在现代职场里，那些喜欢寻根究底的人往往会走在别人的前面，这样的人对生活、对工作有着强烈的好奇心，非常善于从看似平常的事物中学到有价值的东西。提问题总比没问题强，最愚蠢的人往往是那些从不提出问题的人，因为他们失去了学习、探讨和改正自我的机会。

对问题要有追根究底的精神

在我们的工作中，总会遇到各种各样的问题，我们所面对的问题，复杂程度不一，对于简单的问题，可能不费吹灰之力就能找到答案，但对于较为复杂的问题，就没有那么容易了。这时，要想把问题弄个水落石出，必须抓住已有线索不放，追根究底，顺藤摸瓜，坚持不懈，直到问题得到解决。

通用汽车公司黑海汽车制造厂总裁收到一封关于汽车质量问题的抱怨信："最近我买了一辆新的黑海牌汽车，每次我从商店买完香子兰冰激凌回家，汽车就启动不了。但我买其他种类的冰激凌，汽车就启动得很好。"

黑海厂总裁对这封信感到迷惑不解，但还是派了一个工程师去查看。当晚，工程师随这个车主去买香子兰冰激凌，返回上车时，汽车启动不了。工程师又连续去了三个晚上。第二个晚上，车主买了巧克力冰激凌和草莓冰激凌，汽车都能启动。第三个晚上，车主买了香子兰冰激凌，汽车又启动不了了。

工程师绝不相信这部车对香子兰冰激凌过敏。于是他注意观察以求解决问题。每次他都作记录，像日期、汽车往返的时间、汽油类型等。最后他发现了线索：车主买香子兰冰激凌比买其他冰激凌所花的时间要短。因为香子兰冰激凌很受欢迎，故分箱摆在货架前面，很容易取到。因而问题就变成了：为什么汽车停很短时间就启动不了。工程师进一步找到了问题的答案，即是因为蒸气锁使汽车启动不了。而买其他冰激凌需要的时间长，可以使汽车充分冷却以便启动。而买完香子兰冰激凌时，因所用的时间短，汽车引擎还很热，所产生的蒸气耗散不掉，因而汽车启动不了。

问题的症结点在一个小小的蒸气锁上，这是一个很小的细节，而这个小细节被细心的工程师发现了。

正是这位工程师"打破砂锅问到底"的做事方式，使得问题的症结最终水落石出。如果没有这种追根究底、顺藤摸瓜的精神，恐怕这个小细节就被忽略了。

当我们碰到问题时，不要浅尝辄止，简单地得出"可能"或"不可能"的结论，要投入真诚的努力，追根究底，不放过任何细节。冷静地思考问题的症结所在，积极地寻求解决问题的办法，唯有如此，才能把事情做好，并且做得完美。

在解决问题时，要多问几个为什么

工作中，不乏这样的现象：有些人，在遇到问题时不是去主动提出问题，动脑筋想办法去解决问题，而是知难而退，自动打退堂鼓。

凡事多动脑筋，多问几个为什么，遇事多想一想应该怎么办。我们都知道，提出问题是解决问题的前提。问题都提不出来，又解决什么呢？

爱迪生的一生，从小到老，没有停止过问"为什么"，他虽然没有将自己所问的问题都求出答案来，然而他所求出来的答案却是多得惊人。例如：有一天，他在路上碰见一个朋友，看见他手指关节肿了。

"为什么会肿的呢？"爱迪生问。

"我还不晓得确切的原因是什么。"

"为什么你不晓得？医生晓得吗？"

"每个医生说得都不同，不过多半的医生以为是痛风症。"

"什么是痛风症呢？"

"他们告诉我说这是尿酸积淤在关节里。"

"既然如此，他们为什么不从你关节中取出尿酸来呢？"

"他们不晓得如何取。"朋友回答。

"为什么他们会不晓得如何取呢？"爱迪生生气地问着。

"因为尿酸是不能溶解的。"

"我不相信。"这位世界闻名的科学家回答着。

爱迪生回到实验室里，立刻开始试验看尿酸到底是否能溶解。他排好一列试管，每只试管内都灌入四分之一管不同的化学液体。每种液体中都放入数颗尿酸结晶。两天之后，他看见有两种液体中的尿酸结晶已经溶化了。于是，这位发明家有了新的发现问世，这个发现也很快地传播出去。现在这两种液体中的一种在医治痛风症中普遍被采用。

爱迪生说："一个时时产生问号的头脑是一项很大的财产。"保持寻根问底的习惯，保持一种疑问的态度，遇事多问几个"为什么"，因为答案就在"为什么"里。

要有效解决问题，一定要从问题出发，问题解决的关键就在于不停地问"为什么"。

有一个区域经理，销售业绩下滑了，他不知道为什么；销售业绩上升了，他也不知道为什么。为什么这个区域经理不知道问题产生的原因呢？惯常的说法是缺乏具体的数据支持，可真正的答案是，他还没有学会不断地对问题问"为什么"。

一个人必须学会问为什么。问为什么，一种有效的方法就是画"鱼刺图"。其核心就是先列出一个最重要的问题，然后围绕这个问题将一些可能与它有关系的因素找出来，接下来就是不断地对每个因素问为什么。比如有位营销专家曾经分析过这样一个案例，针对企业销售艰难的问题，他们列出了产品、价格、渠道和推广等与其密切相关的因素，然后分别问为什么，由此可以引申到最本质的根源：

为什么销售艰难？因为经销商不接受；为什么不接受？因为产品价格太高；为什么价格太高？因为生产成本高；为什么生产成本高？因为采购成本高；为什么采购成本高？因为采购量太小；为什么采购量太小？因为资金短缺。最后得出的结论就是资金缺口限制了企业的发展。接下来的措施就是全力解决资金缺口问题。只要按照这种方法问下去，必定会对各种问题产生的原因了如指掌，自然对解决之道就心中有数了。

在解决问题时，要多问几个为什么，做到"追根问底"，这样才能使问题得到根本的解决。

你的工资从哪里来？

当我们碰到问题时，不要浅尝辄止，简单地得出"可能"或"不可能"的结论，要投入真诚的努力，追根究底，不放过任何细节。冷静地思考问题的症结所在，积极地寻求解决问题的方法，唯有如此，才能把事情做好，并且做得完美。

9.成功偏爱敢于冒险的人

曾看到过这样一则故事：

一个小男孩将一只鹰蛋带回他父亲的养鸡场，他把鹰蛋和鸡蛋混在一起让母鸡孵化。于是一群小鸡里出现了一只小鹰。小鹰与小鸡一样过着平静安适的生活，它根本不知道自己与小鸡不同。

小鹰慢慢地长大了。一天，它看见一只老鹰在养鸡场上空自由展翅翱翔，十分羡慕，感觉自己的两翼涌动着一股奇妙的力量，心想：要是我也能像它一样飞上天空，离开这个偏僻狭小的地方该多好呀！可是我从来没有张开过翅膀，没有飞行的经验，如果从半空中坠下岂不粉身碎骨吗？经过一阵紧张激烈的内心斗争，小鹰终于决定甘冒粉身碎骨的风险，也要展翅高飞一下。

小鹰成功了，它飞上了高高的蓝天，这时它才发现：世界原来这么广阔，这么美妙。

小鹰的成功，几乎展示了每一个冒险家成功的历程。在现代公司里，有些人本来很有工作能力，完全能像鹰一样翱翔蓝天，但他们却畏手畏脚，安于平庸，患得患失，缺乏冒险的勇气和精神，从而与成功失之交臂。

不冒风险，就没有收获

人生本身就是一场冒险。那些希望一生宁静、平安的人不敢冒险，也不会冒险，这样的人永远也不会突破自我，取得更好的成就。

不冒点风险，哪来出人头地的机会呢？很多时候，成功的机会是同风险相伴的。要想抓住成功的机会，就得冒一点风险，否则，就会丧失许多可能是人生重大转折的机会，从而使自己的一生平淡无奇，毫无建树。当然，敢于冒风险的人并不一定个个成功，但成功者之中，很多是因为他们敢于冒风险。

美国钢铁大王安德鲁·卡内基在未发迹前的年轻时代，曾担任过铁路公司的电报员。

有次在假日期间，轮到卡内基值班，电报机滴滴答答传来一通紧急电文，内容令卡内基几乎由椅子上弹了起来。

紧急电报通知：在附近铁路上，有一列货车车头出轨，要求上司通知各班列车改换轨道，以免发生撞车惨剧。

当天是假日，卡内基怎么努力也寻找不到可以下达命令的上司，眼看时间一分一秒地过去，而一班载满乘客的列车正急速驶向货车头的出事地点。

卡内基不得已，只好敲下发报键，冒险以上司的名义下达命令给列车司机，调度他们立即改换轨道，从而避开了一场可能造成的伤亡事故。

按当时铁路公司的规定，电报员擅自冒用上级名义发报，唯一的处分是立即撤职。卡内基十分清楚这项规定，于是在隔日上班时，将辞呈放在上司的桌上。

上司将卡内基叫到办公室，当着卡内基的面，将辞呈撕毁，拍拍卡内基的肩头："你做得很好，我要你留下来继续工作。记住，这世上有两种人永远在原地踏步：一种是不肯听命行事的人，另一种是只是听命行事的人。幸好你不是这两种人的其中一种。你是一个懂得冒险的人。"

就当时的情境，如果卡内基不冒险，不仅无法阻止事故的发生，还会因失职而遭到上司的辞退。正是因为他敢于冒这个险，才为以后的发展赢得了机会。

很多时候，成功者之所以成功，取决于他敢于冒别人不敢冒的风险。人在职场，难免要碰到一些突发事件，此时，要懂得随机应变，该冒险的要冒险，否则，一味躲避，错过良机，会造成无法估量的损失，于己于公司都不利。职场上的这种人比较多，不敢承担一点风险，见到稍微要冒风险的事，就赶紧避开。殊不知，风险躲开了，可能的成功与你也就擦肩而过了。

无论生活中还是职场上，我们都可能需要尝试恰当的冒险。在冒险之前，我们有必要认清那是不是一种该冒的险，必须认真权衡一下时间、金钱、精力以及其他牺牲等的得失。关键时刻应该冒失掉自己的小利而为公司换来更大利益的险，这也是值得一试的冒险。这种恰当的冒险，不仅不会让你损失什么，反而会让你得到更多。

成功奖赏敢于冒险的人

世界的改变、生意的成功，常常属于那些敢于抓住时机、敢于冒险的人。有些人很聪明，对不测因素和风险看得太清楚了，不敢冒一点险，结果聪明反被聪明误。

世界上大多数人都不愿意去冒险。他们平平庸庸地拥挤在平坦的大路上，小心谨慎地走着，以为这样就可以平平安安、轻轻松松地过一辈子，但他们永远也领略不到人生奇异的风情。他们要在拥挤的人群里争食，说不定，某一天没有争到食物，还照样要挨冻受饿，难道这不也是一种风险吗？而且这是一种难以逃避的风险，是一种越来越无力改变的风险。就像温室里的花草，当某天寒流突然来袭时，最早冻死的便是那些没有经过风雨的花草。

生命运动从本质上说就是一次探险，如果不去主动地迎接风险的挑战，便是被动地等待风险的降临，冒险总比墨守成规让你更有机会出头。

吉姆·伯克晋升为约翰森公司新产品部主任后的第一件事，就是要开发研制一种儿童使用的胸部按摩器。然而，这种新产品的试制失败了，伯克心想这下可要被老板炒鱿鱼了。

伯克被召去见公司的总裁，然而，他受到了意想不到的接待。"你就是那位让我的公司赔了大钱的人吗？"罗伯特·伍德·约翰森问道，"好，我倒要向你表示祝贺。你能犯错误，说明你勇于冒险。而如果你缺乏这种冒险精神，我们的公司就不会有发展了。"

数年之后，伯克本人成了约翰森公司的总经理，他仍然牢记着前总裁的这句话。

具有冒险精神的员工，在老板的心目中地位特殊，因为他认为这类员工或许能为公司带来不可预知的利益。

美国一家大公司的总裁说得好："冒险精神具备与否，实际上是一个员工思考能力和人格魅力的表现。"是的，作为一名员工，只有你把冒险精神投入到工作中去，你的老板才会感觉到你的努力。

比尔·盖茨说："所谓机会，就是去尝试新的、没有做过的事。可惜在微软神话下，许多人要做的，仅仅是去重复微软的一切。这些不敢创新、不敢冒险的人，要不了多久就会丧失竞争力，又哪来成功的机会呢？"

微软只青睐具有冒险精神的人。他们宁愿冒失败的风险选用那些曾经失败过的人，也不愿意录用一个处处谨慎却毫无建树的人。在微软，大家的共识是，最好是去尝试机会，即使失败，也比不尝试任何机会好得多。

敢于冒险，是成功人士的基本素质。在现代社会，风险越大，利润就越大。经验告诉我们：冒险与收获常常是结伴而行的。哥伦布如不航海探险，能发现新大陆吗？达尔文不亲身探险，搜集资料，能完成巨著《进化论》吗？股市风云中，如果没有冒险的精神，能获得巨额财富吗？是的，险中有夷，危中有利，要想有卓越成就，就应当敢于冒险。

在现代公司里，一个人的才华和能力，只有通过冒险，通过克服一道道难关才能锻炼和展现出来。而安于现状不思进取的人、没有危机感的人、不愿参与竞争和拼搏的人，得到的奖赏不是成功，而是彻头彻尾的失败。

你的工资从哪里来？

一个员工要敢于冒失败者不敢冒的风险，否则，一味躲避，错过良机，会造成无法估量的损失，于己于公司都不利。具有冒险精神的员工，在老板的心目中地位特殊，因为这类员工才有可能为公司带来不可预知的利益。

第五章

你的工资从高尚品德中来

*1.*忠诚自有忠诚的回报

在一项对世界著名企业家的调查中，当问到"您认为员工应该具备的品质是什么"时，他们几乎无一例外地选择了"忠诚"。

老板在衡量一个员工是否可用时，都会将忠诚放在所有素质的首位。他们知道，只有忠诚的员工，才会使公司的效益大幅度提高，才能增强公司的凝聚力和竞争力，让公司在变幻莫测的市场中更好地立足。

忠诚是市场竞争中的基本道德原则，违背忠诚原则，无论是个人还是组织都会遭受损失。无论对组织、领导者还是个人，忠诚都会使其受益。

不要做出卖公司的事

作为公司的一员，要守住公司和老板的秘密，不要做出卖公司、出卖老板的事。如果为了一己之利不惜牺牲公司的利益，昧着良心出卖一切，其结果是在他出卖一切的同时，也出卖了自己。

黎桦是一家大公司的技术部经理，能说会道，且做事果断，有魄力，老板很倚重他。

有一天，一位港商请他到酒吧喝酒。几杯酒下肚，港商很正经地对黎桦说："老弟，我想请你帮个忙。"

"帮什么忙？"黎桦问。

港商说："最近我和你们公司在洽谈一个合作项目。如果你能把相关的技术资料提供给我一份，这将会使我在谈判中占据主动地位。"

"什么，你让我做泄露公司机密的事？"黎桦皱着眉头道。

港商压低声音说："你帮我的忙，我是不会亏待你的。如果成功了，我给你15万美元报酬。还有，这事儿只有天知、地知、你知、我知，对你没有一点儿影响。"

说着，港商把15万美元的支票递给黎桦，黎桦心动了。

在谈判中，黎桦的公司损失很大。事后，公司查明了真相，辞退了黎桦。本来可以大展宏图的黎桦不但因此失去了工作，就连那15万美元也被公司追回以赔偿损失。黎桦懊悔不已，但为时已晚。许多公司知道了这件事，谁也不愿意用他。

其实，老板很欣赏黎桦出众的才华，还着力想培养他，但这件事情发生后，尽管他很为黎桦的才华惋惜，但显然公司不可能再让黎桦待下去了。

为了一己私利，泄露公司机密，是一种背叛公司、背叛自己的行为。这种行为给自己造成的污点，将使自己的职业生涯笼罩上一层难以抹去的阴影。

公司的商业机密和技术机密是公司的无形资产，要求每一名员工要保守秘密，绝不能为了一点好处，而出卖公司的机密。作为一名员工，不要忘了自己的角色，你需要为公司争取利益，而不是为了自己去损害公司的利益。坚守自己的忠诚，经得住诱惑的考验，才能让人感受到你人格的力量。

有这样一个故事：

这是一次激烈的商业谈判，双方的交锋异常尖锐。A公司的谈判人员要想按照公司事先制订好的计划来谈恐怕会有一些困难，但是他们必须获得成功，因为这次交易的商业利润非常可观。B公司也有自己的底线，但是他们不能轻易就亮出自己的底线，谈判一直在僵持中。

A公司一直摸不清B公司的谈判底线，经过几天的周旋，还是雾里看花。A公司的谈判助理说："实在不行，我们就收买他们的谈判人员，答应谈判成功之后给他让他满意的回扣，这对我们来说，是舍小保大，从长远来看，是值得的。我听说C公司和D公司也已经加入了这次竞争，如果不采取措施的话，我们可能会失去这次机会。"

A公司的谈判主席对此不同意，认为这样做违背公平竞争的原则。

最后，A公司的谈判主席，也就是这家公司的副总裁，认为可以试一下，他说："我想证明一个问题。"

A公司的谈判助理以为，没有人不喜欢钱，"重赏之下必有勇夫"，他制订好计划就开始了运作。然而，事情居然出乎他的意料，他以为自己的计划很周详，也很到位，给他们的回扣也不低，没想到却遭到了他们的坚决拒绝。

A公司的谈判助理悻悻而归。当他把这个消息告诉A公司的谈判主席时，谈判主席却笑了，并且点点头。谈判助理不明所以。

第二天谈判开始的时候，没有人说话。

这时A公司的谈判主席说话了："我们同意贵公司提出的价钱，就按照你们说的价钱成交。"这是让A、B公司两家谈判成员都没有想到的结果。

接着，A公司的谈判主席继续说："我的助理做的事情我是知道的，我当时没有反对，就是想证明一件事。最终证实我的猜想对了，贵公司的谈判人员不仅谈判技巧高，而且协作非常好。最关键的一点是，他们对自己的公司非常忠诚，这很令我敬佩。我们是对手，成交的价钱是我们分胜负的标准。但是，一个企业的生存并不是仅仅依靠钱的多少，员工的忠诚和责任对于一个企业而言，就是命脉。他们的表现让我看到了贵公司的命脉坚实，同你们合作，我们放心。从价钱上来看，我们是亏了一些，但我认为我们会赚得更多。"

他的话音刚落，全场即刻响起了热烈的掌声。

忠诚是最基本的商业精神。作为公司忠诚的员工，即使是你们的竞争对手也会敬佩你们的忠诚，因为，你们的忠诚让他们知道了为什么对手会如此强大。

做一个有职业道德的人，最基本的一点，就是要保守公司的秘密，这是对每一名员工的要求。

忠诚有忠诚的回报

忠诚，是一种真心待人、忠于人、勤于事的奉献情操。它是出自内心的，它包含着付出、责任，甚至是牺牲精神。当一个人失掉忠诚时，连同一起失去的还有他的尊严、诚信、荣誉以及远大前程。

忠诚的人容易获得别人的信任和支持，也值得对他委以重任，因此忠诚的人更容易获得成功的机会。

著名管理大师艾柯卡，受命于福特汽车公司陷入重重危机之时。他大刀阔斧地进行改革，使福特汽车公司走出危机。但是，福特汽车公司董事长小福特却对艾柯卡进行排挤，这使得艾柯卡处于一种两难的境地。但艾柯卡却说："只要我还在这里一天，我就有义务忠诚于我的企业，我就应该为我的企业尽心竭力地工作。"尽管后来艾柯卡离开了福特汽车公司，但他仍然很欣慰自己为福特公司所做的一切。

艾柯卡说："无论我为哪一家公司服务，忠诚都是一大准则。我有义务忠诚于我的企业和员工，到任何时候都是一样。"正因为如此，艾柯卡不仅以他的管理能力折服了所有人，也以自己的人格魅力征服了所有人。

无论一个人在企业中是以什么样的身份出现，对企业的忠诚都应该是一样的。一个成功学研究专家说："如果你是忠诚的，你就是成功的。"作为一名员工，你的忠诚对于你自己而言，就是你成功的通行证。

忠诚是企业的需要，是老板的需要，但它更是你自己的需要。因为一个人得靠忠诚来立足于社会。你自己才是忠诚的最大受益人，忠诚的人比不忠诚的人获得的回报更多。具体来说，员工忠诚于公司，将得到以下回报：

第一，获得公司、老板、上司、同事对你的忠诚。

第二，让你的才华有一个施展的天地，忠诚的人从来不会怀才不遇。

第三，让你有一个稳定的工作，而不至于像不忠诚的人那样漂泊不定。

第四，让你受到老板的重视，有机会成为老板重点培养的对象，从而获得晋升。

第五，让你分享公司的荣誉，并从内心深处体会到这份荣誉带来的快乐。

此外，还让你的能力、业绩随着企业的发展而成长，让你的个人品牌更具有价值，让你在人才市场上更具竞争力。

不求回报的忠诚，却能获得意想不到的、无穷无尽的回报。

你的工资从哪里来？

老板在衡量一个员工是否可用时，都会将忠诚放在所有素质的首位。他们知道，只有忠诚的员工，才会使公司的效益大幅度提高，才能增强公司的凝聚力和竞争力。无论对组织、领导者还是个人，忠诚都会使其受益。

$2.$诚信是放在信誉银行里的存款

现代公司对员工是否诚信相当重视，要求公司员工不论在企业内外，还是在与他人的交往中要诚信待人，一诺千金，以每名员工的诚信，换来公司的良好信誉。

曾任微软公司副总裁的李开复在一篇文章中谈到诚信对一个员工的重要性。

李开复曾面试过一位求职者。这个人在技术、管理方面都相当出色。但是，在谈论之余，他表示，如果李开复录用他，他甚至可以把在原来公司工作时的一项发明带过来。随后他似乎觉察到这样说有些不妥，特别声明：那些工作是他在下班之后做的，他的老板并不知道。这一番谈话之后，李开复决定不录用他了。

事后李开复说："不论他的能力和工作水平怎样，我都不会录用他，这种人缺乏最基本的职业道德。如果雇用这种不讲信用的人，谁能保证他不会在这里工作一段时间后，把在这里的成果也当作所谓'业余作品'而变成向其他公司讨好的'贡品'呢？"

诚信是一个员工最基本的道德准则，同时也是一个员工在职场取胜不可缺少的美德。

欺骗是一种短视行为

"诚"字的含义是诚恳、诚实，不弄虚作假；"信"字的含义，简单地说就是讲信用、信任，不欺诈坑弱，诚恳待人，以信用取信于人。

从古到今，人们都把诚信当作立身之本，一个人失去诚信，一切都无从谈起。

有这样一则故事，一直都给我们以警示：

战国时期，虞孚和范蠡的老师计然是一个善做生意的人，并且很有名气，虞孚不甘困苦就去向计然讨教致富的方法。计然就把种漆树的技术教给了他。

那时候，漆的销路很好，如果掌握了种漆树的技术，便可发大财。

学成之后，虞孚种了3年漆树，收获了数百斛漆，这对于他来说，已足以发一笔不小的财了，他打算把漆运到吴国去销售。走前他把漆树叶子也煮出汁来，一同带到了吴国。

吴国有位商人看到虞孚的漆成色好，十分纯正，准备全部买下，约定次日提货。虞孚以为买卖已成大局，心中暗喜。为了多赚钱，他连夜把漆树叶汁全部掺入漆中。第二天，商人看到装漆的封条已经动过，不觉起了疑心，便找借口决定过20天以后提货。20天后，掺了树叶汁的漆全都变了质，买卖自然也没能成交，虞孚就此在吴国沦为乞丐，最后客死他乡。

虞孚卖漆掺杂作假，自以为聪明过人，其实聪明反被聪明误，做了一件大蠢事，自取其辱。因为他失去的不仅仅是一笔赖以生存的财富，更重要的是失去了立世做人的诚信，而且败坏了自己的名声，成为人们茶余饭后议论的笑柄乃至后人的反面教材。虞孚的故事告诉我们抛弃和忘却诚信的人必自食其果。

欺骗是一种短视行为，它带来的不是成功，而是彻头彻尾的失败。在现实中常会上当受骗的人不是很多，顾客是最聪明，也是最公正的。只要他觉得上过你的当，日后他对你定会避而远之，而且他会将上当受骗的经过告诉他认识的所有人，其结果必是，再没有人相信你，也没有人愿意与你打交道。

与欺骗这种短视行为截然相反的是，做到言行一致，重承诺、守信用，以后做事就会有一个正向的循环，别人的评价会让没有和你共事过的人也知道你、信任你。

一个做变压器的业务员，初出茅庐时，好不容易找到一个工程，但是客户要求的产品与他企业的产品有较大的差距，不过客户并不清楚这一点；业务员没有因为对方不知情而隐瞒，而是对客户讲清事实，并推荐了一款竞争对手的产品。当时许多人认为这个业务员太傻了。但现在，那个客户已经成为他最重要的一个客户，每年的采购额都在200万元以上。很明显，这个业务员已经在客户心目中树立起了良好的个人信用。

打造个人信用对个人来讲，作用巨大。一个有信用的人可以很快被他人认可，被企业赏识，更容易获得大量的社会资源，便于发挥自己的聪明才智，实现自己的人生价值。

诚信是个人的名片

一个人一生中，可能更换过很多不同名片，但是有一张名片却始终跟随着你，时间越久色泽越真，这张名片便是你的诚信。

李嘉诚是香港首富，关于他的成功之道，已有许多记载。但其实他的核心成功秘诀只有一个：诚实守信。正如李嘉诚所说："做生意要以诚待人，不能投机取巧。一生之中，最重要的是守信。我现在就算再有多十倍的资金也不足以应付那么多的生意，而且很多生意是别人主动找我的，这些都是为人守信的结果。"

在这个急功近利的时代，人们为了所谓的成功，不惜挖空心思，甚至不择手段。对此类做法，李嘉诚颇为反感，他说："我绝不同意为了成功而不择手段，如果这样，即使侥幸略有所得，也必不能长久。"

李嘉诚驰骋商界是从生产塑胶花开始的。当初，有一位外商希望大量订货。为确信李嘉诚有供货能力，外商提出须有实力雄厚的厂家作担保。李嘉诚白手起家，没有背景，他跑了几天，磨破了嘴皮子，也没人愿意为他作担保，无奈之下，李嘉诚只得对外商如实相告。

李嘉诚的诚实感动了对方，外商对他说："从您坦白之言中可以看出，您是一位诚实君子。诚信乃做人之道，亦是经营之本，不必用其他厂商作保了，现在我们就签合约吧。"没想到李嘉诚却拒绝了对方的好意，他对外商说："先生，能得到您如此信任，我不胜荣幸！可是，因为资金有限得很，一时无法完成您这多的订货。所以，我还是很遗憾地不能与您签约。"

李嘉诚的这番实话实说使外商内心大受震动，他做出决定，即使冒再大的风险，也要与这位具有罕见诚实品德的人合作一把。李嘉诚值得他破一回例，他对李嘉诚说："您是一位令人尊敬的可信赖之人。为此，我预付货款，以便为您扩大生产提供资金。"

与其说这是一次商业上的成功，不如说这是一次人格上的胜利。外商的鼎力相助，使得李嘉诚既扩大了生产规模，又拓宽了销路，李嘉诚从此成为香港塑胶花大王。通过这件事，李嘉诚悟出了一个道理：坦诚乃生命所系，也是生意场上必须坚持的金科玉律。

李嘉诚说："我做生意，一直抱定一个宗旨，那就是不投机取巧，以诚待人。在对客户做出承诺之后，无论碰到什么样的困难，仍要履行对客户的承诺，以取得客户信任。"李嘉诚就是以他诚实守信的商业道德和高超的经商才能，赢得客户、赢得市场、赢得成功的。

有了诚信的个人名片，一个人的事业发展道路上便会一路绿灯。

诚信无价

诚信是中国传统文化的核心内容之一，是中国人终身都要遵循的道德信条，它是衡量一个人品德的非常重要的标准。然而，到了今天，在一些地方，在一些领域，诚信似乎成了稀缺资源，冒牌货、造假账、假文凭、恶意欠薪、考试作弊……这些现象侵蚀着人们的诚信观念，以至于当讲到诚信时，有人甚至会不屑地说："诚信，值几个钱？！"

诚信值钱吗？当然值！诚信是无价的，是一种最宝贵的财富。

1835 年，摩根成为一家名叫伊特纳火灾保险公司的小保险公司的股东，因为这家公司不用马上拿出现金，只需在股东名册上签上名字就可以成为股东。这符合摩根没有现金但却能获益的设想。

天有不测风云，就在摩根成为股东那一年的冬天，纽约突然发生了一场特大火灾。按照规定，如果完全付清赔偿金，保险公司就会破产。股东们一个个惊慌失措，纷纷要求退股。

摩根斟酌再三，认为自己的信誉比金钱更重要，他四处筹款并卖掉了自己的旅馆和小酒店，低价收购了所有要求退股的股东们的股票。然后他将赔偿金如数付给了投保的客户。

这件事过后，伊特纳保险公司成了信誉的保证。

已经身无分文的摩根成为保险公司的所有者，但保险公司已经濒临破产。无奈之中他打出广告，凡是再到伊特纳火灾保险公司投保的客户，保险金一律加倍收取。

第二天早晨，身上只有 5 美元的摩根先生来到公司所在的大街，那里的景象让他惊呆了，那条大街已被前来投保的人挤得水泄不通，他的诚信让他赢得了更多的顾客，大家都非常相信这位讲诚信的摩根先生。摩根先生的公司不仅没有倒闭，而且让他重新买回了原来的旅馆和小酒店，还赚进了 30 万美元。

这位摩根先生就是主宰华尔街帝国的，美国亿万富翁摩根家族的创始人。一场大火考验了摩根先生的诚信度，而诚信回报给他的就是华尔街上的摩根帝国。

一名员工不守信，就不会得到老板的信任和重用；一家企业不守信用，就失去了立足之本；生意场上，不守信用，就失去了企业赖以生存的"上帝"。

一家装修公司，论名气没多大，论实力，也没有多少经济基础。但在施工中确保质量的精神让客户感动。有一位客户的电视背景墙，已经由木工制作完毕，在外行看来，并未发现瑕疵。可是公司的监理来了一看，却命令拆除。

人们都不理解，因为拆除了这面用了大量木料的装饰墙，起码要损失近千元。但监理说："整个工艺不对头，用钉子钉进去，现在看起来没问题，等到暖气来了，会鼓包变形。我们不能糊弄客户。"

由于公司坚决维护自己的信誉，一下子吸引过来多家客户，一个名不见经传的小公司在市场竞争中接活的比率超过本楼装修的其他大公司。这说明，不管大企业和小企业，不管大公司还是小公司，不讲信誉就是死路一条，而视信誉为生命就能使生意成功，使企业发展壮大。

有时候，讲究信誉、信守诺言的做法，会使自己吃一些亏。但这种吃亏是暂时的，所谓有亏必有盈。因信守诺言的吃亏或经济利益受损，必能给自己或公司带来长远的利益和持久的影响。

富兰克林在《对一个年轻商人的忠告》信中说过两句至理名言："时间就是金钱。""信誉也是金钱。"如今熟知前一句的人不少，但对后一句却有些不以为然。其实，在人与人之间的交往和共处过程中，规则和秩序往往是靠守信来坚守的。

做人，从诚信开始；做事，亦从诚信开始。

你的工资从哪里来？

富兰克林说过两句至理名言："时间就是金钱。""信誉也是金钱。"如今熟知前一句的人不少，但对后一句却有些不以为然。一些人甚至不屑地说："诚信，值几个钱？"诚信值钱吗？当然值！诚信是无价的，是最宝贵的财富。

*3.*培养正直的品德

毫无疑问，正直的品德是每一位员工必备的美德。对任何用人单位而言，他们不仅要求员工头脑敏锐、具有专业技能，更重要的是，还应具有正直的品德。小到一个单位，大到一个国家，人们最看重的是——正直的品德。

正直是通往成功的"精神桥"

杰克·韦尔奇1987年在通用电气（GE）全公司范围内发放了一本80页的小册子：《正直：我们责任的精神与体现》。每一个新雇员必须阅读这本小册子并在书中附的卡片上签字（或用电子邮件确认），以证明他们读过。并且其他雇员也必须每年读一遍。在这本小册子里，韦尔奇是这样表述他对正直的定义的："正直是我们建立成功企业的基石——包括我们产品的质量与服务，我们与客户或是与供应商之间的关系必须是率真的。通用电气以卓越的竞争控求为起点，以对伦理的行为承诺为终点。"

韦尔奇要求所有通用电气公司的员工都要亲自做出承诺：遵纪守法，遵循通用电气的行为准则，避免利益冲突，做一个诚实、公正、值得信赖的人。

对于那些有道德问题的人，通用电气一概不用。如果在企业内部发现道德败坏的行为，只要违规一次，立即就会被开除。韦尔奇说："我不能肯定一个人是否真是一个小偷，但一旦我肯定地知道他干了，他将被解雇。我们这里的行为准则，是每一个人都知道的，如果他做了什么不应该做的事，那他将立即被开除，没得商量！"

曾经就有一次，通用的一个员工因为道德问题爆出了丑闻，当记者采访韦尔奇的时候问道："您如何处理这类丑闻，而不使通用受到伤害呢？"

韦尔奇答道："如果真能做到，那将是多么好的事，我说过，我不可能一个人维持整个组织行为的完美无缺，但我有一个道德标准，那就是正直。我每次在会议上都会谈到它，违反这个原则，只会有一个结果——被开除。"

GE 是一个很大的公司，名誉很重要，公司的体温表就是美国华尔街的股市。如果公司有人偷工减料，或者有人为了谋私利进行私下交易，出现了丑闻，媒体自然会大肆渲染，那么，股东对公司的信心就会下降，股票市值往下降一个点的话，公司就会损失几千亿美元。

销售人员拿回扣，这在许多公司是司空见惯的事情，然而对于 GE，那却是一个不可逾越的界限，不管过去的功劳有多大，只要你迈出了这一步，就绝对死定了。

几年前，GE 公司的高级副董事长鲍罗·布莱斯克来到中国的时候，按惯例，每次都会安排一些员工代表与他一起吃一顿饭，进行交流与对话。一位在公司做销售的员工因为是否给买方回扣问题，一直都很困惑。因为 GE 的一些竞争对手是要给回扣的，这就使 GE 中国公司处于弱势，在中国很难打开市场。这位销售人员就问鲍罗怎么办？

鲍罗问："你们这个部门产品占全世界产品多少份额？"

员工回答说："占 2/3。"

鲍罗说："好，当然这不是一天就占到这么多的。那么我给你一个很绝对的回答：我们在中国今天宁可一分钱的生意都不做，也不要去违反规则。因为我坚信，既然我们的规则在全球都适用，而且能做好，那么总有一天在已经国际化了的中国，这个规则也能做到。"

正直是 GE 的第一道防线，公司只欢迎具备正直品行的人。

正直是做人最基本的道德准则。做合格员工，必须做到为人正直。

有哲人说："几何以直线为最近，修身以正直为最好。"在通往成功的路途中有很多桥梁，有物质的桥，有精神的桥……正直，就是一座实现成功的"精神桥"。没有坚实的物质桥，不能跨越波涛汹涌的大河大江；没有正直的"精神桥"，就难以攀登光辉事业的顶峰。

正直本身就是报偿

正直，是立身处世之本。一个人首先要培养正直的心胸，这是日本成功企业家松下幸之助的理论。正直的心胸，不是一味地迎合或盲从，它具有更强烈、更积极的内容。它是指没有私心、天真而不受物欲支配、据实探索事物真相的态度。缺乏正直的心胸，常常会被自己的欲望、利益或立场所蒙蔽，并曲解事物的真相，与他人对立冲突，最后使彼此都遭受不幸。

正直意味着自己具有很强烈的道德观，并且高标准地要求自己，随时准备服从自己的良知，勇于坚持自己的信念，在需要的时候义无反顾，不计较自己的利益得失，站出来表达自己的意见。

正直，是人格的桂冠。一位顾客走进一家汽车维修店，自称是某汽运公司的司机。"在我的账单上多写点零件，我回公司报销后，有你一份好处。"他对店主说。但店主拒绝了他的要求。顾客纠缠着："我的生意不算小，会常来的，你肯定赚很多钱！"店主再次告诉他这种事自己无论如何也不会做。顾客气急败坏地嚷道："谁都会这么干的，我看你是傻极了。"店主火了，他要那个顾客马上离开，到别处谈这种生意去。这时，顾客露出微笑并满怀敬佩地握住店主的手："我就是那家运输公司的老板，我一直在寻找一个固定的、信得过的维修点，你还让我到哪去谈这笔生意呢？"

面对诱惑，不为之所动，不为其所惑，虽平淡如行云，质朴如流水，却让人领略到一种山高海深的韵味。这是一种闪光的品格——正直。

李嘉诚在其投资创办的长江商学院 EMBA／MBA 毕业典礼上说："一个有使命感的企业家，在捍卫公司利益的同时，更应重视以努力正直的途径谋取良好的成就，正直赚钱是最好。"

车尔尼雪夫斯基曾经坦言相告："人一正直，什么都好了。这一条简明的原则便是科学的全部成果，便是幸福的全部法典。"

正直的人生会带来许多好处，例如他人的友谊、信任、钦佩和尊重。正直是一种人格标准，它与人的声望、金钱、权力以及任何世俗的标准不同，它是内在的、难能可贵的、无往而不胜的。如果你追求它并且发现了它的真谛，你就一定是一个成功者。

你的工资从哪里来？

有哲人说："几何以直线为最近，修身以正直为最好。"在通往成功的路途中有很多桥梁，有物质的桥，有精神的桥……正直，就是一座实现成功的"精神桥"。正直做人是最基本的道德准则。做合格员工，必须做到为人正直。

4.爱心的力量不可估量

爱心就是关怀、给予、分享、牺牲。无私的奉献，必然结出丰硕的成果。因为当你向大家付出你的关爱的时候，大家也会给予你丰厚的报答。曾经看过这样一个小故事：

一个小女孩走过一片草地，看见一只蝴蝶被荆棘弄伤了，她小心翼翼地为它拔掉刺，让它飞向大自然。后来，蝴蝶为了报恩化作一位仙女，向小女孩说："因为你很仁慈，请你许个愿，我会让它实现。"

小女孩想了一会儿说："我希望快乐。"于是，仙女弯下腰来在她耳边悄悄细语一番，然后消失了。

小女孩果真很快乐地度过了一生。她年老时，邻人问她："请告诉我们，仙女到底说了什么？"她只是笑着说："仙女告诉我，我周围的每个人，都需要我的关怀。"

在这个世界上，最宝贵的东西就是爱心，它是一切美好事物的源头。

爱心的力量不可估量

人们总认为帮助别人只会让别人受益。其实，帮助别人也会让自己受益，因为"爱心会让奇迹发生"。

爱是生命的奇迹，爱是世界上最伟大的力量。生命就像一种回声，你送给它什么它送回什么；你播种什么，就收获什么；你给予什么，就得到什么。"爱人者，人恒爱之。"帮助别人就是帮助自己。社会是一个互为依存的整体。生活的逻辑是：你向社会献出了爱心，你才会得到爱心的回报。

韩国韩进企业集团的董事长赵重熏，原来只是在仁川干货运生意的一名司机，由于当时干司机这一行业是很低贱的工作，所以他设立的韩进商场发展得一直很慢。使他真正发达起来的转折点，就是他做了富有爱心的一件事。

一天，赵重熏由首尔开车前往仁川，经过富平时，看到路旁有辆抛锚的汽车，是位美国女士的，他马上下车热心地帮这位美国女士修好车。令他意想不到的是，这位女士竟然是驻韩美军高级将领的夫人，她在感激之余把赵重熏介绍给自己的丈夫，从此，这位企业家开始真正地起飞了。因为当时朝鲜战争结束不久，韩国国内物资极度匮乏，全靠美军援助。

在这位驻韩美军高级将领的帮助下，赵重熏接下了美援物资运输这笔大生意。他开始日进斗金，快速发展起来。后来，在越南战争期间，他又利用和驻韩美军的亲密关系，获得了在越南从事军运的许可，为此赚到了

1.3 亿美元。

如今，韩进企业集团包括大韩航空在内，一年总营业额为 12000 亿韩币。而这一切成就的根源，就是赵重熏的爱心。

爱心的力量不可估量，它是一个人走向成功的内在动力。它不仅可以让你的心灵得到满足，重要的是，你献出爱心的同时，他人会记住你的爱心，在你需要帮助的时候，他们会真心实意地支持你。爱心是互补的，只要充满了爱心，你也会被别人的爱心包围着，这样的人能不成功吗？

爱心结出的硕果

一个阴云密布的午后，由于瞬间的倾盆大雨，行人纷纷跑进最近的店铺躲雨。一位老妇也蹒跚地走进费城百货商店避雨。面对她略显狼狈的姿容和简朴的装束，几乎所有的售货员只看了她一眼，就各顾各地忙着理货了，对老太太不搭不理，好像唯恐老太太要麻烦他们似的。

这时，一个叫菲利的年轻售货员诚恳地走过来对她说："夫人，我能为您做点什么吗？"

老妇人莞尔一笑："不用了，我在这里躲会儿雨，雨停了就走。"老妇人随即又心神不安起来，不买人家的东西，却借用人家的屋檐躲雨，似乎不近情理，于是，她开始在百货店里转起来，哪怕买个头发上的小饰物呢，也算给自己的躲雨找个心安理得的理由。

正当犹豫徘徊时，那个小伙子又走过来说："夫人，您不必为难，我给您搬了一把椅子，放在门口，您坐着休息就是了。"两个小时后，雨过天晴，老妇人向那个年轻人道谢，并向他要了张名片，就走出了商店。

几个月后，费城百货公司的总经理詹姆斯收到一封信，信中要求将这位年轻人派往苏格兰收取一份装潢整个城堡的订单，并让他承包自己家族所属的几个大公司下一季度办公室用品的采购订单。詹姆斯惊喜不已，匆匆一算，这一封信所带来的利润，相当于他们公司两年的利润总和！

他在迅速与写信人取得联系后，方才知道，这封信出自那位曾在商场躲过雨的老妇人之手，而这位老妇人正是美国亿万富翁"钢铁大王"卡内基的母亲。

詹姆斯马上把这位叫菲利的年轻人，推荐到公司董事会上。毫无疑问，当菲利打起行装飞往苏格兰时，他已经成为这家百货公司的合伙人了。那年，菲利22岁。

随后的几年中，菲利以他一贯的忠实和诚恳，成为"钢铁大王"卡内基的左膀右臂，事业扶摇直上、飞黄腾达，成为美国钢铁行业仅次于卡内基的富可敌国的重量级人物。

是什么让菲利轻易地与"钢铁大王"卡内基攀亲附缘、并肩齐举，从此走上了让人梦寐以求的成功之路呢？是关爱。

真诚的爱心，是一种内在的精神本质，它深入到人的内心，人品重于商品。一个成功的人，肯定有一颗尊重普通人的爱心，他的爱心体现在他的每一个细小行为中。

菲利的故事告诉我们：做人须以爱人为先。依此推论，如果你是上司，你得学会爱下属，才可能获得信任票；如果你是推销员，你就要学会爱顾客，才能使产品辐射四方。所以，无论大到治国，还是小到办公司搞推销，都应以爱人为先，否则就会无所作为。

无论做什么工作，如果能秉持多付出一点爱心的原则，成功就是必然的。

你的工资从哪里来?

爱心的力量不可估量，它是一个人走向成功的内在动力。它不仅可以让你的心灵得到满足，重要的是，你献出爱心的同时，他人会记住你的爱心，在你需要帮助的时候，他们也会真心实意地帮助你。

5.养成守时的习惯

也许，你常常迟到，让别人等待的原因，多半与工作忙不忙，路上交通是否顺畅，以及多早就开始准备出门无关。因为，无论什么原因，反正你都不会准时到达，就算提前半个小时出门，你还是会迟到30分钟。或许，你认为迟到了，让别人等一会儿，借由等的过程，才能凸显出自己的重要性。但是别忘了，不能严格地遵守时间，不守时的人往往被认为是不可信的、不尊重别人的人。

我们不要小看守时，守时也是一名员工敬业精神、事业心、责任感和基本素质的具体体现。守时还是一个集体、一个团队完成其目标任务的根本保证，也是维护企业形象的基本要求。

不守时不是一个好习惯

你不难发现，在我们身边，经常有迟到、早退或不能接时完成工作的人，他们经常受到上司的斥责甚至遭到解聘。在这些人中，不乏才华横溢、能力突出的人，可终因时间观念淡薄而屡屡受挫。

李华是一个工作出色的人，但他有一个毛病，经常上班迟到，可下班的时候却比谁都走得早。老板看在他能力比较强的份上，没有说他什么。

有一次，老板与他约好时间一起到一位客户那里签合同。头一天，老板叮嘱李华早一点来，不要迟到。可到了第二天早上，李华差不多迟到了半个小时。等到李华和他的老板一起驱车到达客户那儿的时候，比约定的时间迟到了 20 多分钟，客户已经离开了办公室，去出席一个会议了。

李华和老板赶紧给客户打电话。客户对他们说："你们为什么迟到，害得我等了将近半个小时？"

李华以狡辩的语气回答说："呀！我知道的。我们虽然迟到了 20 分钟，您也可以等一等嘛。就 20 分钟有那么紧要吗？"

客户严肃地说："等一等？！你要知道，准时赴约是一件极其重要的事。你不能认为我的时间不值钱，以为等一二十分钟是不要紧的。实话告诉你，在那 20 分钟的时间里，我本来可以预约另外两个重要的谈判项目的！"

李华说："那我们再约个时间谈谈吧！"

客户说："对不起，你们不守时，我怕你们到时完不成我们托付给你们的任务。"

李华因为迟到，使公司失去了快要落入手中的生意，给公司造成了不小的损失。老板一气之下，把李华辞退了。

一个经常迟到早退的员工，是一个极不尊重自己工作的人，这种没有时间观念的人，不仅绩效差，而且会给公司带来不良的影响。你一个人的迟到会损坏整个公司的形象，还有可能给公司和客户都造成损失。这是现代企业绝对不能容忍的行为。

做一个守时的人

守时是纪律条例中最基本的一项。无论上班、下班、约会都必须守时。守时既是信用的礼节，公共关系的首环，也是成功人士必备的良好习惯。

1779年，德国哲学家康德计划到一个名叫珀芬的小镇去拜访朋友彼特斯。他提前写信给彼特斯，说3月2日上午11点钟前到他家。

康德是3月1日到达珀芬的，第二天早上便租了马车前往彼特斯家。朋友住在离小镇12英里远的一个农场里，小镇与农场间有一条河。当马车来到河边时，车夫说："先生，不能再往前走了，桥坏了。"

康德看了看桥，发现中间已经断裂。河虽然不宽，但很深。他焦虑地问："附近还有别的桥吗？"

"有，在上游6英里远的地方。"车夫回答说。

康德看了一眼表，已经10点钟了，问："如果走那座桥，我们什么时候可以到达农场？"

"我想要12点半钟。"

"可如果我们经过面前这座桥，最快能在什么时间到。"

"不到40分钟。"

"好！"康德跑到河边的一座农舍里，向主人打听道："请问您的那间小屋要多少钱才肯出售？"

"给200法郎吧！"

　　康德付了钱，然后对农夫说："如果您能马上从小屋上拆下几根长木板，20分钟内把桥修好，我将把小屋赠送给您。"

　　农夫把两个儿子叫来，按时完成了任务。马车快速地过了桥，10点50分赶到了农场。在门口迎候的彼特斯高兴地说："亲爱的朋友，您真准时。"

　　守时，诚信，这就是著名的哲学家康德！

再看这个例子：

　　有一次，一位著名的美国企业家到英国一所有名的高等学府演讲。一位普通的小商人通过演讲会的主办者约他见面谈一谈。这位企业家答应演讲完了与他见面，时间大约是两点半。于是，那位小商人在这所大学的礼堂外面等候。

　　演讲的时间到了，这位企业家兴致勃勃地走上讲台，为大学生们演讲，讲他的创业史，讲商业成功必须遵循的原则。不知不觉，时间已经超过了与那位小商人约定见面的时间。显然，他已经忘记了与别人的约定。

　　正当他情绪高昂地演讲时，他的秘书悄悄地走上了讲台，递给他一张纸条，上面写着：先生，您下午两点半有约。

　　企业家一下子想起了与小商人约定见面的事，但他又立即陷入矛盾之中，一边是需要他启发并且向他们表达自己企业思想的大学生们，他们是企业发展的未来和动力；而另一边，则是一位名不见经传向他请教的小商人，但是这是事先已经约好的事。这位企业家没有犹豫，他对大学生们说："谢谢大家听我的演讲，本来我还想和大家继续探讨一些问题。但是，我还有一个约会，现在已经迟到了。迟到已经是对别人的不礼貌了，我不能再失约了，所以请大家原谅，并祝大家好运。"

在雷鸣般的掌声中，这位企业家走出了礼堂，在外面找到了那位小商人，向他表示了歉意。他们之间的谈话非常愉快。本来约定谈半个小时，他们竟然一直谈了两个多小时。后来，这位小商人也成为了一名大商人，经过他的牵线，促成了许多企业主与那位企业家的合作。

现代生活的快节奏，呼唤着人们的时间意识。守时，成为现代人的必备素质之一。

守时就是遵守承诺，按时到达要去的地方，没有例外，没有借口，任何时候都得做到。即便你因为特殊原因不得不失约，也应该提前打电话通知对方，向对方表示你的歉意。这不是一件小事，它代表了你的素质和做人的态度。如果你对别人的时间不表示尊重，你也不能期望别人会尊重你的时间。一旦不守时，你就会失去影响力或者道德的力量。而守时的人会赢得职员、助手、货商、顾客……每一个人的好感。

守时是一种礼貌，一种尊重，一种信誉。时间就是成本，养成守时的好习惯，有助于你获得成功。

你的工资从哪里来？

一个不守时的员工，不仅绩效差，而且会给公司带来不良的影响。你一个人的迟到会损坏整个公司的形象，还有可能给公司和客户都造成损失。养成守时的好习惯，有助于你获得成功。

第六章
你的工资从优质服务中来

1.为客户提供最满意的服务

"企业命系市场"是诸多公司的经营理念，这一理念已经深入人心。多数员工已经认识到：市场经济条件下，客户才是企业和员工的"衣食父母"。只有企业为客户提供物有所值、物超所值的产品或满意服务，得到客户的认可和喜欢，企业和员工才能得到回报，企业才可能生存和发展，企业的员工才可能挣到属于自己的那一份工资。

让每一位客户都满意

一个企业成功的三个秘诀就是：服务、服务、服务。现在企业的竞争，可以说就是服务的竞争。谁的服务搞得好，谁就能取得胜利。

许多产品，客户可以在任何商店、公司或工厂里买到。如果价格相同，客户在考虑从什么地方购买时，唯一起决定作用的因素就是谁家的服务质量更好。

然而，诸多与公众打交道的员工似乎都没有认识到，客户购买他们的产品或服务的唯一原因，是客户个人所受到的待遇。可以毫不夸张地说，许多公司得以生存和发展，依靠的不是首席执行官或精力充沛的管理者的决策，而是其接待人员、销售人员、送货司机以及服务人员的行为。如果客户可以有诸多选择，为什么他要忍受卖家的冷漠、粗鲁，何况卖主又不是一家？在这种情况下，客户选择的一定是"最好的服务"。

一次，一位名叫基泰丝的美国记者，来到日本东京的奥达克余百货公司。她买了一台"索尼"牌唱机，准备作为见面礼，送给住在东京的婆家。售货员彬彬有礼，特地为她挑了一台未启封包装的唱机。

回到住所，基泰丝开机试用时，却发现该机没有装内件，因而根本无法使用。她不由得火冒三丈，准备第二天一早就去奥达克余交涉，并迅速写好了一篇新闻稿，题目是《笑脸背后的真面目》。

第二天一早，基泰丝在动身之前，忽然收到奥达克余百货公司打来的道歉电话。50分钟以后，一辆汽车赶到她的住处。从车上跳下奥达克余的副经理和提着大皮箱的职员。两人一进客厅便俯首鞠躬，表示特来请罪。除了送来一台新的合格的唱机外，又加送蛋糕一盒、毛巾一套和唱片一张。接着，副经理又打开记事簿，宣读了一份备忘录。上面记载着公司通宵达旦地纠正这一失误的全部经过。

原来头一天下午4点30分清点商品时，售货员发现错将一个空心货样卖给了顾客。她立即报告公司警卫迅速寻找，但为时已迟。此事非同小可。经理接到报告后，马上召集有关人员商议。当时只有两条线索可循，即顾客的名字和她留下的一张美国快递公司的名片。

据此，奥达克余公司连夜开始了一连串无异于大海捞针的行动：打了32次紧急电话，向东京各大宾馆查询，没有结果。再打电话问纽约美国快递公司总部，深夜接到回电，得知顾客在美国父母的电话号码。接着又打电话去美国，得知了顾客在东京婆家的电话号码。终于弄清了这位顾客在东京期间的住址和电话，这期间的紧急电话，合计35次！

奥达克余百货公司的这一举动，让基泰丝大为感动。她不仅怨气尽消，还将准备好的《笑脸背后的真面目》撤下，重新编写了一篇新闻稿，题目叫《35次电话》。该稿刊出后，奥达克余百货公司一时间美名远扬，营业额更是直线上升。

这个案例告诉我们：企业员工要做好顾客的服务工作，力争做到让每一位顾客都满意，绝不要让一丝一毫令顾客不满意的事情发生。

衡量我们成功与否的最重要的标准，就是我们让客户满意的程度。

表面上看，员工的薪酬由企业支付，事实上，这一切来自于客户。

在对待100名客户的服务里，只有1位客户不满意，对企业来说，看来只有1%的不合格；但对于该客户而言，他得到的却是100%的不满意。一朝对客户服务不善，企业需要十倍甚至更多的努力去补救。

因此，只有让客户满意，最大限度的满意，我们的员工才有好的收入，我们的公司才会不断地发展壮大。

让客户满意，更让客户感动

"让客户满意，更让客户感动"是一种全新的经营理念。这一经营理念以客户为中心，完全把客户放在首位，以让客户满意为出发点，让客户感动为工作标准，符合现代企业的生存和发展观，是一种崇高的经营境界。

只有真正做到了让客户满意，令客户感动，才能顺利实现经营目标。

1997年7月的一个清晨，海尔洗衣机公司驻昆明售后服务站人员秦冠胜接到云南昭通市洗衣机用户刘平章的电话，请他上门服务。此时，适逢大雨滂沱，秦冠胜没有犹豫，披上雨衣去了车站。公共汽车在沟壑纵横的山路上颠簸了 16 个小时，夜间 11 时在距昭通市 27 公里处遇到意外险情——公路前方山体滑坡，泥土沙石飞流直下，唯一通往昭通市的交通线路被阻断了。

公共汽车司机为乘客着想，决定原路返回昆明。秦冠胜没听劝阻，毅然下车，坚持步行前往昭通市。茫茫黑夜，风雨交加，秦冠胜一步一个趔趄，无数次地跌倒爬起，置生死于不顾，坚持朝用户所在地走去。

翌日凌晨 4 时到达昭通，考虑到用户此时正在休息，秦冠胜在传达室等候到上午 8 时才登门去为用户服务。用户刘平章早晨醒来，已从广播中得知昭昆线上发生山体滑坡导致交通中断的事情。当秦冠胜站在他面前时，他感到十分意外，得知原委后，这位南国汉子猛地抱住了刚强的海尔人，泣不成声。

为了履行对用户的承诺，秦冠胜在泥泞的山路上徒步走了 4 个多小时，险些献出了自己的生命。这样的诚心，自然能感动"上帝"，自然会带来更多的用户，给海尔更丰厚的回报。海尔人信奉：世界上并不一定有十全十美的产品，但能通过百分之百的服务让用户满意。"真诚到永远"的海尔宗旨，就是通过真诚的服务深藏于用户心中的。

企业利润来自于客户，客户满意来自于服务。顾客满意与企业利润存在着因果关系，而且忠诚顾客与企业利润之间存在正向相互关系。实践表明，对于 90% 以上的厂商来说，其利润来源的 10% 由一般顾客带来，30% 由满意顾客带来，而 60% 则由忠诚顾客带来。

企业利润是顾客满意的副产品。只有追求顾客满意最大化，企业利润才能最大化，员工的工资才会最大化。

对我们员工来说，让顾客满意是基本任务，只有赢得顾客的忠诚，才能在激烈的竞争中取胜。唯有用心去感动顾客，才能拥有顾客的信任。我们每个人都应该牢记：我们能为顾客做些什么，直到满意！我们还能为顾客做些什么，直到感动！每个员工、每项工作都必须以顾客满意乃至惊喜和感动作为最高标准。

你的工资从哪里来？

市场经济条件下，客户才是企业和员工的"衣食父母"。只有为客户提供物有所值、物超所值的产品或满意服务，得到客户的认可和喜欢，企业才能得到回报，才可能生存和发展，企业的员工才可能挣到属于自己的那一份工资。

*2.*站在客户的立场，处处为客户着想

每个企业都在努力占领市场，其实占领市场，就是赢得客户。客户才是上帝，客户是企业最终实现利润目标的保证。要想拥有更多的客户，我们就应该站在客户的立场，处处为客户着想。

也许我们遭遇到过这样的场景：在餐馆里吃饭，有的餐馆不管吃饭的人数多少，总是不断地向你推荐一大堆菜；而有的餐馆却会很诚实地跟你说，你们几个人点这几个菜已经够了，点多了吃不完。不用说，顾客愿意再度光顾的肯定是第二家餐馆。因为第二家餐馆是诚心诚意地为客户着想的。

有些营销员在推销产品或服务时，从不设身处地地为客户着想，他们总抱着这样的心态："老实说，客户为什么要购买这些产品或服务，我对此一点也不感兴趣。重要的是，他们买了产品或服务，而我则拿到了佣金。"如此的心态，怎么能够培养忠诚的顾客？

当一个营销员站在客户的立场上，就比较容易抓住营销的重点。一个成功的销售人员最重要的品质是保持积极的心态，积极主动、设身处地地为客户着想，站在客户的角度去思考问题，理解客户的观点，知道客户最需要的和最不想要的是什么。只有这样，才能为客户提供金牌服务。

有一次，某电力公司想做一个 10 平方米的大屏幕。负责销售的李栋经

过具体的测量后，告诉他们无须做10平方米的屏幕，8平方米的屏幕视觉效果会更好。

许多人都说李栋太傻，客户想做大一些的还不好？做大一点，销售收入多，提成也就高呀！

但李栋不这么想，他想的是：如果自己不提建议，而是按照客户的要求做了10平方米的，安装完毕后如果客户觉得不满意，自己没有多大的责任："当初是你们要做10平方米的啊！"虽然客户嘴上不说，心里也会觉得是我坑了他：因为我是专业人士，应该给他们提出中肯的建议。

李栋站在客户的立场，为客户着想，赢得了客户的信任。此后，这家电力公司又介绍了好几个客户给李栋，李栋的销售业绩也大幅提高了。

有一位销售培训师对学生们说："能够把冰箱卖给因纽特人的推销员不是一个好的推销员。因为这个因纽特人在发觉上当后就再也不愿见到他了，推销员也不要想再回到那里卖其他任何东西了。因为这样做，他只是在考虑自己的利益，而没有站在客户的立场去为客户着想。"

积极地为客户着想，"以诚相待、以心换心"，是销售人员对待客户的基本原则，也是销售人员成功的基本要素。

一个机械设备推销员，费了九牛二虎之力谈成了一笔价值40万元的生意。但在即将签单的时候，发现另一家公司的设备更合适于客户，而且价格更低。本着为客户着想的原则，他毅然决定把这一切都告诉客户，并建议客户购买另一家公司的产品，客户因此非常感动。虽然这位推销员因而少拿了上万元的提成，还受到公司的责难。但在后来的一年时间里，仅通过该客户介绍的生意就达百万元，而且也为自己赢得了很高的声誉。

当你本着为客户着想的原则去行动时，可能也会遇到上面事例所提到的问题。这时你该怎么办呢？最明智的办法就是放弃眼前利益，以使自己获得更加长远的利益。

原一平是创造日本保险神话的"推销之神"，他自始至终诚心诚意地做生意。如果他觉得对方的确需要再投保一些，就会坦白地告诉对方，并替他制定一个最适合的方案；如果没必要，他会直截了当地告诉对方，不需要再多投一分钱了。正是这种时时为客户打算、处处替客户着想的敬业精神，成就了原一平"推销之神"的地位。

客户就是"上帝"，我们与客户之间远非简单的一个买卖过程，而是要建立一个长期合作的关系。处处为客户着想，不是只想着订单，而是想着顾客的需要，这样才能与客户保持长久的关系，才能提高你的销售业绩，才能为你工作的公司赢得更多的利润。

你的工资从哪里来？

占领市场，就是赢得客户，客户才是上帝，客户是企业最终实现利润目标的保证。处处为客户着想，不是只想着订单，而是想着顾客的需要，这样才能与客户保持长久的关系，才能提高你的销售业绩，才能为你工作的公司赢得更多的利润。

3.微笑服务的后面是财富

笑，乃是人的天性使然，人皆会之。微笑服务，是一个人内心真诚的外露，它具有难以估量的社会价值，它可以创造难以估量的财富。

微笑服务是一种力量，它不但可以产生良好的经济效益，使公司高朋满座，生意兴隆，而且还可以创造无价的社会效益，使公司口碑良好、生意俱佳。在市场竞争激烈、强手林立的情况下，要想使自己占有一席之地，优质服务是至关重要的。而发自内心的微笑，又是其中的关键。事实上，微笑服务是服务工作中一项投资最少、收效最大、事半功倍的服务，是为各个服务行业和服务单位所重视、所提倡、所应用的。

所以，很多公司在招聘职员时，以面带微笑为第一条件，他们希望自己的职员脸上挂着笑容，把公司的产品和服务推销出去。

美国的联合航空公司有一个世界纪录，那就是在 1977 年载运了数量最多的旅客，总人数达到了 5566782 人。联合航空公司宣称，他们的天空是一个友善的天空、微笑的天空。的确如此，他们的微笑不仅仅在天上，而且从地面便已开始了。

有一位叫珍妮的小姐去参加联合航空公司的招聘，当然她没有关系，也没有事先去打点，完全是凭着自己的本领去争取。最后她被聘用了。这其中的原因是什么？那就是因为珍妮小姐的脸上总是带着微笑。

令珍妮惊讶的是，面试的时候，主试者在讲话的时候总是故意把身体转过去背着她。这位主试者不是不懂礼貌，而是在体会珍妮的微笑，因为珍妮应聘的职位是通过电话工作的，是有关预约、取消、更换或确定飞机航行班次的事情。

那位主试者微笑着对珍妮说："小姐，你被录取了，你最大的资本就是你脸上的微笑，你要在将来的工作中充分运用它，让每一位顾客都能从电话中感受到你的微笑。"

虽然可能没有太多的人会看见她的微笑，但他们通过电话，可以感受得到珍妮的微笑一直伴随着他们。

一家大公司的人事经理曾说：他宁愿雇用一个没上完小学但却有愉快笑容的女孩子，也不愿雇用一个神情忧郁的哲学博士。这个说法是很现实的。店员的微笑可以感染任何一个顾客，甚至是促成购买的重要因素。许多公司提倡微笑服务，确实是现代营销的重要法宝。

微笑是最好的服务

在现实生活中，没谁会轻易拒绝笑脸，微笑在人际交往中最具神奇魔力。特别是在服务行业中，微笑是最好的财富，微笑是最简单、最省钱、最可行，也是最容易做到的服务。

微笑服务是服务态度中最基本的标准，是把握服务热情度的最好的外在表现形式。微笑给人一种亲切、和蔼、礼貌的感觉，加上适当的敬语会使顾客感到宽慰。微笑也是尊重顾客的一种极好的做法。

全国劳动模范北京王府井百货大楼售货员张秉贵，他站了一辈子柜台，接待过几百万顾客，他的"一团火"精神受到人们的交口称赞。他除了有娴熟的服务技术外，更有一颗火热的心。他全心全意为顾客服务，他的微笑温暖着每一个顾客，不仅使顾客买到了称心如意的商品，同时还获得了可贵的精神享受。

有一次，有个上级领导想了解一下实情，他来到柜台前，张秉贵主动迎上去："请问，您要点什么？"领导做不悦状，回答说："我要的东西多了，你能给吗？"张秉贵仍然满面笑容，接着问："您买点什么？"领导又假装不高兴地回答："我不买东西看看还不行吗？"

张秉贵感到了自己的问话有漏洞，就改口道："请问，您看点什么？"领导满意地露出笑容。张秉贵始终像一团火，温暖着千万人的心。

微笑是沟通人与人之间情感的桥梁。对于服务行业而言，微笑更是至关重要的。客人总是因为看到服务人员温和的微笑，提升对店铺的整体印象和办事态度。有时候，无声的微笑比语言更有力量。在生活中，再普通不过的一个微笑，若融入服务行业之中，将它演绎为一种工作态度，一种工作标准，那就能为公司带来众多的商机或可观的经济效益。

你今天对顾客微笑了吗

微笑是一种可以创造效益的不容忽视的力量。

美国著名的"旅馆大王"希尔顿所领导的希尔顿集团之所以能够称雄世界，其独具特色的经营手段固然重要，但更重要的秘诀在于微笑服务。

当初希尔顿投资5000美元开办了他的第一家旅馆，资产在数年后迅速增值到几千万美元。此时希尔顿得意地向母亲讨教现在他该干些什么，母亲告诉他："你现在去把握更有价值的东西，除了对顾客要诚实之外，还要有一种更行之有效的办法，一要简单，二要容易做到，三要不花钱，四要行之长久——那就是微笑。"

于是，希尔顿要求他的员工，无论如何辛苦，都必须对顾客保持微笑。

"你今天对顾客微笑了吗？"成为了希尔顿的座右铭。在 50 多年中，希尔顿不停地周游世界，巡视各分店，每到一处同员工说得最多的就是这句话。

即使在美国经济萧条的 1930 年，80% 的旅馆倒闭。希尔顿旅馆在同样难逃噩运的情况下，希尔顿还是信念坚定地飞赴各地，鼓舞员工振作起来，共渡难关。即便是借债度日，也要坚持对顾客微笑。在最困难的时期，他向员工郑重呼吁："万万不可把心中的愁云摆在脸上，无论遭到何种困难，希尔顿服务员脸上的微笑永远属于顾客！"

他的信条得到贯彻落实，希尔顿的服务人员始终以其永恒美好的微笑感动着客人。很快，希尔顿旅馆就走出低谷，进入了经营的黄金时期，他们添加了许多一流设备。当再一次巡视时，希尔顿问他的员工："你们认为还需要添置什么？"员工回答不上来。

希尔顿笑了："还要有一流的微笑！"他接着说，"如果我是一个旅客，单有一流的设备，没有一流的服务，我宁愿弃之而去住那种虽然设施差一些，却处处可以见到微笑的旅馆。"

微笑不仅使希尔顿公司率先渡过了难关，而且还带来了巨大的经济效益，发展到在世界五大洲拥有 70 余家旅馆，资产总值达数十亿美元。

曾有一位哲人说过："微笑，它不花费什么，但却创造了许多成果。它丰富了那些接受的人，而又不使给予的人变得贫瘠。它在一刹那间产生，却给人留下永恒的记忆。"希尔顿凭靠的就是不花任何资本，轻松便可做到的微笑，如清风一缕吹开了顾客的心扉，从而使全世界都知道了希尔顿，都记住了希尔顿那亲切的微笑。

第一流的微笑就是第一流的服务，它为企业带来的必将是第一流的效益。

真正给我们发工资的是顾客

当今世界，各企业之间的竞争越来越激烈。谁有先进的生产技术、科学的生产经营管理方式，谁就会在竞争中立于不败之地，就具有竞争的活力，否则就会在竞争中消失。其实，在生产经营管理方式中除了上面这些以外还有重要的一个方面就是微笑服务。在现代社会竞争中，微笑不仅仅是一种服务态度，更成为一种商品和商业竞争。

沃尔玛从一个小镇的普通商店，发展成为全球最大的商业连锁集团，它成功的秘诀是：第一，同样一件商品，沃尔玛的售价至少会比其他店便宜5%；第二，就是售货员的微笑服务，沃尔玛的微笑服务与其他店不同，它要求所有员工微笑时，必须露出8颗牙齿才算合格。只有把嘴张到露出8颗牙齿的程度，一个人的微笑才能表现得最完美。所以，去沃尔玛购物的人很多，因为在那里售货员的微笑，给人一种亲切自然的感觉，只有在那里才能使消费者享受到内心的满足。从这里就可以看出，微笑服务在企业竞争中发挥着越来越重要的作用，微笑服务直接表现出来的就是利润问题。

沃尔玛的创始人山姆·沃尔顿曾说过这样一句精彩的话："我们的老板只有一个，那就是我们的顾客，是他们付给我每月的薪水，只有他们有权解雇上至董事长下至普通员工的每一个人，道理很简单，只要他们改变了一个购买习惯，换到别家商店买东西就是了。"

报载，美国一位老太太在一家日杂店购买了许多商品后遇到了店老板，老太太说："我已经 12 年没到你的店来了，12 年前，我每周都要到你的店里买东西。可是，有一天，一位店员满脸冰霜，态度实在糟糕，所以我就到其他店购买商品了……"老板听完，赶忙道歉。老太太走后，老板算了一笔账：如果老太太每周在店里消费 25 美元，那么，12 年就是 1.56 万美元，按照最保守的估算，他至少损失了 1000 美元的利润，而这仅仅是因为缺少了一个微笑。

不懂得微笑服务的员工会使顾客避之犹恐不及。服务工作的优劣，经济效益的高低就体现在微笑服务里。

微笑服务如此重要，一个员工如果连起码的微笑服务都做不到，又怎能得到广大客户和社会的信任与支持呢？只有把微笑服务贯穿到整个工作过程中，才能使其发挥更好的服务作用。一个微笑的招呼、一句微笑的问候都能拉近我们与顾客之间的距离，使顾客感觉到心贴心的温暖，感到我们是在用心为他们服务。从而起到稳定客户、提高销量的作用。

在市场竞争中，每个企业都应该将微笑服务展现在顾客面前。我们的企业、我们的公司、我们的员工如果能在经营和服务过程中，见面以微笑相待，讲话以微笑相伴，如此还怕留不住顾客，还担心顾客不满意吗？微笑是张永不过时的通行证，任何时候都少不了它。微笑服务应该成为服务行业从业人员甚至所有行业工薪人员的工作准则。

你的工资从哪里来？

微笑服务，是一个人内心真诚的外露，它具有难以估量的社会价值，它可以创造难以估量的财富。微笑是最简单、最省钱、最可行，也是最容易做到的服务。第一流的微笑就是第一流的服务，它为企业带来的将是第一流的效益。